인생 지기 칠순 부부의 여여한 일상, 그리고 세상 보기

문학고을시세이 · 03

인생 지기 칠순 부부의 여여한 일상, 그리고 세상 보기

초판 1쇄 발행 | 2024년 9월 30일

저　자 | 김순석 · 이옥녀

펴 낸 곳 | 도서출판 문학고을
펴 낸 이 | 조진희
편 집 자 | 조현민
주소　　| 경기 부천시 삼작로317번길 15 (여월동)
서울사무실 | 서울시 강남구 학동로38길 38 (논현동) 204호
전화　　| 02-540-3837
이메일　| narin2115@naver.com
등록　　| 제2020-111176호

ISBN 979-11-92635-24-8 03810
정가 12,000원

© 김순석 · 이옥녀, 2024

* 이 책의 판권은 지은이와 도서출판 문학고을에 있습니다.
* 잘못된 책은 구입처에서 교환해 드립니다.

문학고을시세이 · 03

인생 지기 칠순 부부의
여여한 일상, 그리고 세상 보기

김순석 · 이옥녀 시세이

문학고을

| 시인의 말 |

출간에 즈음하여

아침부터 까치가 웁니다.
기쁜 소식을 안은 손님이 오려나 봅니다.
바람도 세차게 불어 나뭇가지가 흔들립니다.
첫 문집을 내는데 설렘과 용기를 불어넣어 줍니다.
필봉筆鋒은 기대에 못 미치지만, 사회 구석구석 만연한 폐습弊習을 지적하고자 하였습니다.
자아를 위로하고, 자연의 심연을 탐색하며, 특별히, 탐욕자의 일그러진 초상을 고발했습니다.
그동안 틈틈이 써 왔던 여린 작품입니다.
칠순을 축하한다는 의미로 따스한 가슴으로 품어주었으면 합니다.
일상생활에서 겪었던 작가의 체험적인 내용을 수록하였기에 생활 시, 생활 산문이란 제목이 어울립니다.
무엇보다도 꿈 많던 학창 시절부터 부부가 문예文藝를 사랑하고 아끼는 마음이 서려 있기에 더욱 의미가 깊다고 하겠습니다.
미력微力하나마 울림을 공유하며 어두운 사회의 길목에서 작은 등불이 되고자 합니다.

장미의 계절에.

| 목차 |

5 시인의 말 | 출간에 즈음하여

제1부 진실

14	사연
16	북쪽에 띄운 편지
18	만해의 큰 꿈
19	돼지감자
20	가면假面
22	대마도
23	관사官舍
24	낸시 펠로시(미국, 전, 하원의장)
25	의료 예찬
26	깨우침
28	난민
29	서러운 밥
30	진실
32	천생연분
34	우체통에 찾아온 손님 (1)
36	우체통에 찾아온 손님 (2)
38	나비의 꿈
39	향수
40	축구 왕
41	꽃바람
42	문인 이어령을 기리며
44	오두막집
45	추석
46	작은 거인

47	우雨중 연주회
48	반전
50	웃음
51	호박꽃
52	후회

제2부 열사의 넋

56	채송화
57	맏사위
58	소크라테스의 향기
60	마사다 요새
62	한국인의 밥 진심
63	병장兵長 예찬
64	B와 B의 만남
66	시진핑習近平
68	삼천팔백 원의 행복
69	육모 방망이
70	상견례相見禮
73	나의 아내
74	그리움이 꽃잎 되어
76	그레타 툰베리
78	카타콤
79	열사의 넋
80	음악이란
81	우크라이나여!
82	뉴스 속보입니다
84	여군 예찬

85	망종芒種
86	청년 정치인 예찬
87	상추
88	빛으로 오신 분
90	빈 의자
92	화마火魔
94	사막
95	언덕 너머
96	경칩
98	늦둥이

제3부 99만원의 진실

100	달콤한 유혹
101	99만 원의 진실
102	모교母校
104	말씀
105	고백
106	투표소 가는 길
108	노인
109	둘째 사위
110	풍경
112	기도
113	저 비는
114	해님
115	할머님의 꿈
116	오메가 시계
118	측은지심

120	진화론과 창조론
122	열매의 진실
123	설날
124	옹기
125	손흥민
126	겨울 선물
127	셰르파족
128	마지막 간병인
130	9시 30분
132	낙인
134	선풍기
135	껄껄껄!
136	그대 덕분입니다
138	봄날의 미소
140	김상옥 의사 순국 100주년

제4부 낙엽의 주소

144	김수환 추기경
145	민들레
146	되고 싶어요
148	벚꽃이 필 때면
149	폭포
150	용서란
151	농촌의 봄날
152	동박새
155	하하하~
156	귀농의 무게

158 매미의 울음
159 조리개
160 소망
162 가을 축제
164 추억
165 자존심
166 길
168 윤회
169 낙엽의 주소

제5부 달맞이꽃

172 미학美學
173 이스라엘 팔레스타인 전쟁
174 볼록거울 앞에서
175 경고
176 생살권
178 말늘
179 산다는 것은
180 붕어빵
181 기다림
182 군밤
183 비행기
184 오세암五歲庵
186 달맞이꽃
187 소의 운명
188 돌개바람

189	버스
190	폐지 줍는 노인
192	발자국
193	골리앗과 다윗의 싸움
195	블라디미르 푸틴
198	박태기나무
200	전봇대

제6부 산문

204	꽃잎이여!
209	두 어머님을 그리워하며 부제: 巨木
216	유산遺産
221	막내딸과 함께한 고희古稀 여행
227	ME
232	독후감…과학과 신앙 사이
235	역사의 상처
240	그날!
246	꽃상여
253	나는 인제군의 외교관
259	도시에서 날아온 새
266	F 학점
270	검지손가락의 경고

해설

274	김신영 l 인생 지기 칠순 부부의 여여한 일상, 그리고 세상 보기

제1부
진실

사연

우리 집 앞뜰에는 사계절 내내
꽃을 피우지 않는 나무가 있지요.
왜 그럴까?

나이가 어려서일까?
영양밥을 적게 먹어서일까?
늘 궁금했답니다.

다음 해에는
꽃을 피우겠지
기다리고 또 기다려 보지요.

봄이 오면 개나리 진달래도
자태를 뽐내는데
너는 왜 고운 얼굴을 숨기고 있니?

오늘은
살며시 창문을 열고
 물어봅니다.

무슨 사연이 있니?
아니에요…

꽃은 한 번 피우고 지면
그만이지만

저는 일 년 내내 잎사귀로 남아서
주인님의 푸른 꿈을
가꾸어 드리고 싶답니다!

북쪽에 띄운 편지

돌아보니,
1950~60년대 참 궁핍했지요.

밀, 보리 이삭 까맣게 구워가면서
일상으로 배고픔을 채우고
등잔불 켜고 숙제도 하며
반딧불 놀이도 해 보았어요.

귀하는 유학을 통해
선진 문명도 경험해 보고
자본주의 사회 원리도 배웠지요
이제 대를 이어 북한의 통치자가
되었고요.

그런데 두 가지 걱정이 있어요.
군비 확장과 대화 부재입니다

돌이켜 보세요
북한은 고구려의 발상지며
발해의 민족 기상이 서려 있어요.

외부적 환경으로 잠시

헤어져 있었지만,
우리는 하나의 심장이에요.

이제,
겨레의 원대한 꿈을 향해
함께 달려가야 해요.

이산가족의 눈물도
닦아주어야 해요.
서로가 죽도록 보고 싶은
얼굴이잖아요.

만해의 큰 꿈

민족의 무거운 짐
어깨에 짊어지고

깊은 골
오세암 밤길 걸을 적

달빛 안은 풀벌레
적막 속에 애처로이
울고 있네.

임* 향한 마음
아는 듯 모르는 듯

저 건너
백담사 계곡 물소리는
섧게도 섧게도
흐느끼며 여울지네!

---

* 임: 나의 조국

돼지감자

누가
나를 뚱딴지라 하였소?
땅속 깊은 뿌리 진실
알기나 하오?

대지의 기운 모아
생명의 약 만들었다오.

키는
9척 장신 '관우'이고,
머리에는
황금 관을 얹고 있소.

그러하니
국화과 꽃 중에서도 으뜸이라오.

곧게 뻗은 줄기는
사육신死六臣의 절개요
정절은
일편단심一片丹心 춘향이라오.

가면 假面

일반 국민
모든 일을 혼자서 합니다.
출근하는 것도 혼자서
시장 보는 일도 혼자서
공공기관 방문도 혼자서

고급 관료들
모든 일에 부하들을 대동합니다.
식당가는 길까지도…

철저하게
대중교통은 이용 안 합니다
버스도 지하철도 타지 않으니
임산부 좌석 색깔을
어이 알리요!

고급 차에 타고 내릴 때도
손, 발 멀쩡한데
'백발白髮의 안내인' 이
문 열기를 기다립니다.

언제까지 갑질?
국민 눈에 곱게 보일까요?

차별 없는 공정 세상 입버릇처럼
외친 분들,

권좌權座에 올라서니,
국민이 '을'로 보이시나요?

대마도

포츠담 회담을 통하여
돌려받기로 약속한 땅

곳곳에 조상들의
숨결과 역사 전적비가
산재해 있거늘

어찌 일日本의 영토이리오.
친일파에 의해 무산된
서러운 땅

지리적으로,
일본과 138킬로,
부산과는 49.5킬로미터
떨어진 곳

관사官舍

청와대도 시민의 품으로
둘레 길도 시민의 품으로
돌아왔건만,

관사官舍 옆
시민 등산로 폐쇄하신
권력자權力者 있다고 들었소.

시민 발걸음 소리가
그리 시끄러웠다면
자가自家로 가면 되지 않소?

무엇 때문에 내 집 놔두고
두 집 살림하고 있소?

그 집은
시민의 피눈물로 얼룩진
원망 섞인 집이라오.

묻노니,
그대
진정 국가 4위 인물이오?

낸시 펠로시(미국, 전, 하원의장)

세계 평화와 정의 구현에
두려움 없이 나선 여걸!

신장, 위구르, 홍콩, 대만
독립 요구.
일본의 위안부 사과 촉구.

최고의 권력
트럼프 앞에서도 서슴없이
연설문을 찢어
허공에 훨훨~ 내던진
뚝심!

담대하고 도도한 용기에
아낌없는 박수갈채를 보냅니다.

그대에게 묻습니다.
귀하의 나이는
82세인가요?
28세인가요?

의료 예찬

'나는 일생을 의롭게 살며
사람들의 안녕을 위하여
헌신하겠습니다.'

'나는 봉사하는데 일생을
바치기를 엄숙히 선서합니다.'

이 장엄한 정신이
나이팅게일, 히포크라테스의
선서입니다

오직 내 한 몸 불살라
사라져가는 가련한 생명에
온기를 불어넣으니

임은,
진실로 인류애를 실천한
거룩한 성자_{聖者}입니다.

깨우침

어느 착한 사람이
평생을 살아오면서
비난받을 일을
하지 않았는데

이러쿵저러쿵
얘기합니다.

인간인지라
속이 상합니다.

마침, 창가에서
새소리 강아지 소리가

짹짹 '멍멍' 짖으며
지나갑니다.

한참 후
언제 그랬냐는 듯이
조용해집니다.

한 줄기 바람이

전해준 말

'타인의 말은 모두가
허상虛像에 불과합니다.'

난민

태어날 땐
평등하게 태어났건만,
환경이 우리를 갈라놓았구나.

누구의 잘못도 아닌
지구란 행성 위에
태어났을 뿐

사람들은
천함과 귀함의 셈법으로
계산하려 드는구나!

천부인권 天賦人權은
옛 전설이 되어 버린 지 오래고
한 장 휴지 조각되었구나.

우리는
격랑의 바다 위에 띄워진
외로운 조각배.

불타는 사랑
함께 나누어 줄 이
뉘인가…?

서러운 밥

누구 눈물 밥
먹어 보았소?

누구 눈물 콧물 밥
먹어 본 적 있소?

세 모녀 망자 애도하는 글
들으며 먹은 밥이 그리되었소.

그것이 오늘 내가 먹은
저녁 밥상이라오.

더 이상 국민 눈에
피눈물 나게 하지 마시오.

곳간 문을 쉽게 열어주시오
까다로운 조건 달지 말고
활짝 열어 놓으시오.

문턱을 낮추고
삶에 지친 이야기 들어주시오
옛날 경주 최 부자가 했던 것처럼!

진실

어린 시절,
동네 한가운데 있는 우물은
여인네의 장터였지요.

먹는 물도 떠 가고, 빨래도 하며
어머님의 이야기보따리를
풀어놓는 곳이었답니다.

아침이면,
어머님은 물동이를 이고서
식구들을 위하여 몇 번씩 샘을 왕복하였지요.

무거운 물동이를 이고 일어설 때면
이리 뒤뚱 저리 뒤뚱뒤뚱하시던
모습이 눈에 선합니다

오래된 물동이 밑에서 물이 줄줄 흘러도
아랑곳하지 않고 얼굴에 흐르는 물 맞으면서
오직, 가족의 기쁨이라 여겼답니다.

오가던 작은 길목에 떨어트린 물 한 방울
한 방울이 생명의 기운이 되어

오솔길에 귀여운 들꽃들을 피워냅니다.

물동이는 행복이었습니다.
물동이는 희생이었습니다.
물동이는 어머님의 사랑이었습니다.

천생연분

오늘은
기쁜 날!
행복한 날!
하느님께서 규성이는
'바오로' 의 이름으로

혜미는
'소피아' 의 이름으로
세상에 보내주었어요.

어느 날 천사가 지상에 내려와
두 사람을 사랑의 끈으로
꽁꽁 묶었지요.

오늘은 바오로와 소피아가
그토록 꿈꾸던 날!

신랑 규성이는
단령 입고 사모 쓰고

신부 혜미는
연지 곤지 찍고

가마 타고 시집가는 날!

그대들은
유월 하늘을 붉게 물들인
활짝 핀 장미!
한 쌍의 원앙!

우체통에 찾아온 손님 (1)

우체통에 나무 잔가지 부산물이
가득합니다.
옆집 놀부 할아버지 심술이겠지요?

다음다음 날도
수북이 쌓인 마른풀…
이상 합니다?

아차!
새가 둥지를 트려나?
우체통을 살며시 열어 봅니다

또랑또랑한 눈망울이
내게 달려옵니다.

아저씨! 처음 뵙겠어요.
인사드려요
저 예쁜 황금 들꽃 새 예요.

지금 아기가 태어나려고
산고$_{産苦}$를 겪고 있어요.
며칠 머물게 해 주세요

부탁드려요…

아기가 태어나면
매일 같이 아저씨 곁에 와
옛이야기 들려드리고

즐거운 노래도 불러 드릴게요.
쮸릿~ 쮸릿~ 쮸리릿~

우체통에 찾아온 손님 (2)

황금 옷을 걸친
엄마 새가 1년이 지나고 나서
다시 우체통에 찾아왔습니다.

추억을 입에 물고
옛집에 돌아왔습니다.
착한 아저씨가 생각났나 봅니다.

나뭇잎이 쌓여갑니다.
둘째 아이를 출산하려나봅니다.
작년에 우체부 아저씨가 궁금하다며
문을 활짝 열고 엄마 새를 깜짝 놀라게 했던
생각이 떠올라서 경고문을 붙여놓았습니다.

"문을 열지 마세요.
새가 집을 짓고 있어요."

엄마 새가
내 머리 위를 선회旋回하고
전깃줄에 앉아서 노래를 불러줍니다.
아저씨, 사랑해요~ 고마워요~

내년에도
내 후년에도
언제까지나

아저씨의 귀염둥이가
되어드릴게요.
쮸릿~쮸릿~쮸리릿~

나비의 꿈

낮은 땅만 날던 네가
오늘은

장대 나뭇가지 위에
올랐구나.

원대한 꿈
나래 속에 숨겨져 있을 줄이야.

향수

옛 고향 집 마당
정다운 꽃밭에

두 자매
어깨동무하였네.

어릴 적 추억 그리며
활짝 웃음꽃 피우니

연분홍 코스모스가
하늘하늘 춤추고

붉게 물든 가을이
색동옷 차려입고
달려오네.

축구 왕

이름은 두 자
'쏘니'

국적은 대한의 아들
나이는 젊은이라오

경력은 EPL 역사에
기록되었다오.

봄날
응원의 함성이

온 나라에
메아리칠 때

100호 골이 궤적을 향해
날아가고 있어요.

아! '득점왕' 세 글자
꿈이었다. 했던가요?

꽃바람

뒷동산
꼬맹이 바위에 앉아
시詩 짓는 나에게

 살며시
등 두드리며

수줍게
웃음 건네는
너는 누구니?

그리운 임
보고파

구름 타고
산 넘고 물 건너
달려왔구나.

문인 어어령을 기리며

풍운아처럼 왔다 간
'굴렁쇠 소년'

'내가 받은 모든 것은
선물이었다. 했지요.'

당신께서 고뇌하며 흘린
문예의 눈물이

밤하늘의
반짝이는 샛별이 되고
밤바다의
영롱한 진주가 되었답니다.

'죽는 것은 돌아간다고
했던가요?'

그렇습니다.
생명은 유한한 것이요,
조물주의 섭리니

그 누구도 비켜 갈 수

없는 길이랍니다.

못다 이룬 꿈!
후인後人에게 남기시고

거룩한 하늘길
축복받으며 걸으소서!

오두막집

요일이
필요 없는 곳
시간표도
필요 없는 곳

온종일
불청객이 찾아오지
않는 곳

크게 입 벌리고 하품해도
이상하지 않은 곳

지지배배~
지지배배~
온종일 새들이 합창하고

울긋불긋
들꽃들이 춤추는 곳

삼백육십오일
숲속의 향연饗宴이 펼쳐지는
나만의 낙원樂園!

추석

황금 들녘 물결 타고
달려오는 정겨운 마음

긴 정체 행렬
바나나 기차를 닮았어도

곱디고운
얼굴 떠올리면

설렘만
가득하네.

동산 위
둥근 달도
내 마음 같겠지.

작은 거인

언제 사람 발자국에
밟힐지 모르면서

가족의 끼니를 걱정하며
동분서주하는 분

오직
내일을 바라볼 뿐
어제의 절망은 얘기하지 않아요.

몸은 깨알이지만,
힘은 천하장사!

언제 보아도
언제 만나도
인간의 훌륭한 스승입니다.

우雨중 연주회

주르륵주르륵
노래 부르는 가수

뚝 뚝
처마 밑 피아노 연주자

살랑살랑
실바람 지휘자

졸졸
손뼉 치는 관객

간간이
하늘에서

요란한 울림이
있는 걸 보니

오늘은
오케스트라 연주회가 열리나 보군.

반전

빨강 노랑 파랑
연둣빛 날개

너의 조상은
너를 알록달록하게
예쁜 옷 입히고
말 잘하는 아이로
키워주셨구나

너는 인간의 마음을
잘 헤아리니,
마음을 나누어 보자

'살려주세요'
살려주세요.

'도와주세요'
도와주세요.

'구해주세요'
구해주세요.

'약속은 꼭 지킬게요.'
……!
싫어요.
"인간은 항상
표리부동表裏不同하잖아요."

웃음

누가 웃음에
가볍다는 이름표를 달았나요?

누가 웃음에
천하다는 이름표를 달았나요?

웃음은
신기한 옹달샘
심연深淵의 온천수溫泉水

연인들의
수줍은 언어

비용 없이
누릴 수 있는
자유재自由財

아무리 사용해도
끝이 없는 재생에너지

쓰면 쓸수록 배가되고
나누면 나눌수록 행복해지는
그 무엇!

호박꽃

새벽이슬 머금으면
활짝 웃는 꽃

고향 집이 그리워
초가지붕 위에
피는 꽃

할아버지 할머니
친구 되어 준 꽃

후회

광활한 우주 속
당신을 닮은 인간을
초록 행성에 보내주셔서 감사해요

그런데
당신께서 주신
에덴동산을
그만 욕망의 샘으로
가득 채우고 말았어요.

잘못했어요.
용서해 주세요!

이제부터
먹는 것 입는 것
반으로 줄이고
재생 에너지도
사용할게요.

숲도 잘 가꾸고
탄소 발자국도
한 발짝

한 발짝
줄여갈게요

마지막
기회를 주세요.

네? 꼭, 한번만이요!

제2부
열사의 넋

채송화

어릴 적 어머님이
앞마당을 보시며

예쁘다
곱다 고와!
하시던 꽃

돌담 밑에서
수줍어 얼굴 붉히고
다소곳이 앉아있는 꽃

언제 보아도
언제 만나도

높은 자리 싫어
낮은 자리 앉아있는 꽃

아기 웃음 지을 때면
더욱 사랑스러운 꽃

맏사위

오늘도
가족의 행복 어깨에
짊어지고 먼 길 나서는가?

끈기 하나로 달려가는
아름다운 인생

그대 바라보고
웃음 짓는 비둘기 가족!

집안 대소사大小事
앞장서고
면학의 꿈 또한 장대하니
집안의 대들보요
귀한 보석이라

매사 진중珍重하고
실천력 강하니
공자 중에서도
으뜸
귀공자貴公子로다!

소크라테스의 향기

한 줄기
지혜의 빛을
안고 오신 현자賢者

진리를 갈망했던
자유인自由人

설익은 지식을 단죄하고
진리를 관조觀照했던
고독한 지식인

황폐한 영혼 앞에
등불 밝힌 혜안慧眼을 지닌
준엄한 순례자巡禮者

"진리는 있다고 해서 있고
없다고 해서 없는 것이 아니다.
진리는 어떤 힘으로도
억누를 수 없는 자유로움의
표징이다."

"나는 그대에게 묻노라,"

"살아있는 자와 죽은 자 중
누가 더 행복한지는
아무도 모른다."

진리는
만물 위에 잠들어 있다.

마사다 요새

사해死海를 바라보며
우뚝 솟은 구릉 산
난공불락의 성지聖地

로마 군단이 토성을 쌓고
노예를 앞세워 무자비하게 짓밟은
눈물의 땅

침략자에게는 포장된 승리요
패자에게는
진실한 신앙의 텃밭

하나님께서
여기
신앙의 씨앗을 소중히
남겨두셨지요

사해 바람결에
하나님의 음성이 실려 옵니다.

'불의는 문드러지고
진리는 영원하니라.'

아, 믿음의 숨결이여!
이스라엘의 영혼이여!

한국인의 밥 진심

유별난
밥 사랑

아침에 만나도
점심에 만나도
저녁에 만나도
식사하셨습니까?

친구를 만나고
연인을 만나도
밥 먹으러 갈까?

하느님 앞에서도
우리 밥 한 끼 같이 먹는
정다운 사람이 되자

병장兵長 예찬

이거 인생 걸작품 아니오?
막대기 네 개

단맛 신맛 쓴맛 짠맛
다 보았소.

청춘의 긴 밤
지새우며
나 여기
조국 수호 언덕에
우뚝 섰소

더 이상
무어 바라겠소?

보물寶物 주름살
네 개면 충분하지

내 한 몸 불사르니,
국민의 얼굴 속에
백만 송이 환한 웃음꽃이 피었다오.

B와 B의 만남

먼발치에서만
백악관을 바라보았는데
살다 보니 이런 일도
생겼다오.

음악가의 꽃
방탄 소년단과
눈빛이 마주친
바이든,

환한 웃음꽃 피우며
건네는 말.

부탁하네,
젊은이들의 우상!

버터(BUTTER) 버터(BUTTER)
부드러운 음성으로 슈퍼처럼 빛나게
더 뜨겁게 달콤하게
편견과 억압 막아주게!

혐오범죄 FIRE~ FIRE

불태워~ 불태워

BOW WOW

Hey burn

진군하는 발걸음으로

악을 다 태워버려 주게!

물리쳐 주게!

시진핑 習近平

귀하貴下를 볼 때면
젊은 날
미국 유학생 시절이
떠올라요

자본주의 사회에서
자유와 평화의 소중함을
공부하셨지요.

이제
대륙의 통치자가
되었어요.

귀하께서는
모택동, 장개석보다 훨씬 멋져요
열린 마음이 느껴지거든요

그 넉넉함으로
대만 홍콩 티베트
신장웨이우얼 민족의 존엄성도
넓은 가슴으로 안아 주세요

후세에
이름 석 자
길이 남도록.

삼천팔백 원의 행복

4월 어느 봄날
명동 '파밀레온' 성당 나지막한 언덕길 어귀
수녀님과 함께 미소 짓고 있는 모금 통

형형색색 지폐들이 긴 팔을 내밀며
함께하자며 다가옵니다.

급히 열어 본 지갑 속엔 달랑
동전 8백 원과
지폐 3천 원뿐

머리 숙인 나에게
'큰돈입니다.' 하며
손을 잡아 주신 수녀님!

가는 길 내내
그 말씀이 귓가에 맴돌았어요.

어느 사이
발걸음도 나를 다독거려 주고 있었어요.
괜찮아요. 괜찮아요..
형제님, '사랑은 마음의 크기랍니다.'

육모 방망이

아이코, 요놈아! 내가 아니다

죄인 다스리는 방망이
무서운 건 안다만,
순서 없이 후려치면 되겠느냐?

나는 저 맨 끝이니라
네 옆과 뒤를 보거라

50억 덩치 큰 놈부터
후려치거라!

애먼 사람 탈내면
너를 만든 주인
서러워 눈물짓는다.

상견례 相見禮

초록의 나뭇잎들이
파르르~수줍게
웃음 지으며

정자 앞뜰에서
객客을 정답게
맞아줍니다

마당 앞에 우뚝 서 있던
키다리 고목 아저씨가
고개 숙여 인사하고

쭉 손을 내밀어
환영의 악수를 청합니다.

행복의 꽃다발도
한 아름 안겨줍니다

지나가던 오솔길이
새싹 속에 숨어서

축하의 박수를 보냅니다.

짝짝짝~ 짝짝짝~

연못 속의
색동 옷 친구들도
덩달아 신이 나서
삼삼오오 모여들어
축가를 부릅니다.
고운 햇살은 미소를 머금고
행복을 바쁘게 실어 나릅니다.

점심때가 되자,
숲속의 요정들이 찾아왔습니다.

귀한 손님들 배고플까 봐,
맛있는 능이 낙지전골 탕을
바람 배달꾼에게 신속하게 보내줍니다.

우리 모두
'마파람에 게 눈 감추듯'
맛있게 먹었습니다.

하하 호호 어깨동무하며

인증 사진도 남겼습니다.

양가 부모님
오순도순 이야기꽃을 피울 때

추억이 바쁘다며
앨범 속으로 달려옵니다.

오늘은 복된 날
'이천이십 이년,
오월 스무여드레'
웃음꽃 피우던 그날입니다.

나의 아내

그대 이름은
천상의 옥녀玉女

고운 손길 따라
줄줄이 나오는 보물들
옷, 신문지 깡통…

미소 지으며
떠난 발걸음

저 건너 전통시장
외로운 길목 어귀

백발의 할머님
환한 웃음 지으시며
어서 오라 손짓하시네.

그대는
그윽한 천사의 마음으로
사랑의 향기를 연신 품어내는

한 떨기
나의 붉은 장미라오!

그리움이 꽃잎 되어

꽃씨를 받아서 심었는데
몇 해가 지나면서
뒷마당이 꽃동산이 되었어요.

나는
이 꽃을 볼 때마다
애달픈 한 시인을 떠 올립니다.

"너는 왜 떠나지 않았니?
저라도 남아서 집을
지키려고요."

이별의 안타까움을
그리움으로 승화시킨
시인의 저민 가슴이 되어봅니다.

눈물이 꽃잎 되어
대지 위에 포근히 내려앉습니다.

'슬퍼하지 않으리라.
늘 그대 여기 있음에.'

아침마다 창문을 열면
수줍게 미소 짓는 그대
접시꽃 당신!

그리운 얼굴…
그리운 얼굴…

그레타 툰베리

바다 육지 숲이
인간을 향해 울부짖고 있을 때

하늘에서
구원자를 보냈어요.

정치인들 앞에 선
그녀의 모습은 너무도
위풍당당했지요.

'트럼프 대통령'도
두려워했답니다.

"청년들에게 기회를
주려고 하지 마세요.
단지, 내가 느끼는
두려움을
함께 느껴주세요."

"당신들이
내 꿈을 앗아갔어요.
파리기후 협약에

동참해 주세요."

어린 소녀의 절규에
어른들은 얼굴조차
들 수가 없답니다.

카타콤

깊은 동굴
검게 타버린 벽
숨 막히는 공기

싹트는
신앙의 숨결

끝없는 미로 속
다가오는 한 줄기 희망의 빛

예수 그리스도.

열사의 넋

삼인3人
헤이그 특사 중
한 분
이준 열사

이역만리異域萬里
타국 땅
충정忠貞 어린
얼굴 뵈니,
만감이 교차하도다!

쓸쓸한 묘비명에
한 점 바람결이니
휘날리는 꽃잎마저 의연하도다!

초개같이
한목숨 바치셨으니,

당신께서는
제국帝國의 영웅이요
만국 자유의 투사로다.

음악이란

감정을 샘솟게 하는
감미료$_{甘味料}$

삶의 기쁨과 슬픔을 이어주는
사랑의 가교$_{架橋}$

한 장
위로의 손수건
수고로움의 쉼표

창조주가
인간에게 내린
은총의 선물

우크라이나여!

용맹한 전사들의
혼魂이 서린 곳

늑대들의 총부리에
산천은 부서지고

어린 비둘기 포화 속에
날개를 퍼덕이네.

해바라기 만발한
황금 들녘 나의 조국

어두움 걷히고
태양 찬란히 비추는 날
다시 찾으리.

뉴스 속보입니다

'출근길 문답을 하겠습니다.'
'국민의 시대를 열겠습니다.'

속보가 뜹니다.
'소통을 중단합니다.'

"……"

다시
속보가 뜹니다.
'소통하겠습니다.'

한동안
소통이 잘 됩니다.

또다시
속보가 뜹니다.
'가림 막 설치를 하겠습니다.'

그 사이
무슨 일이라도 있었나요?

소통疏通은
어려운 단어인가 봅니다.

국민의 눈에는
참, 쉬워 보이는데!

여군 예찬

열중쉬어 차리어~
대대장님께 경례

바람을 가르는 듯한
칼날 같은 구령에
산천초목이 부들부들

병사들의 번개 같은
부동자세에 애국심이
묻어납니다.

"충성"

어허!
우리 여군님
나라의 기둥일세!
국민의 보배로세!

망종芒種

오늘은 곡식들이
춤추는 날!
축제의 날!

하나님께서
수염 달린 곡식
그리 좋으신지

수확의 기쁨
주시고

눈물까지
흘러주시네

청년 정치인 예찬

푸른 파도가
넘실거려야 한다.

문드러지고
굽어진 물줄기를 바로
잡아야 한다.

우주의 힘을 빌려
거짓을 쓸어내야 한다.

그래야
청년의 강이 거침없이
목마른 군중을 향해
굽이치며 흐를 것이야!

상추

오월에 심은 씨앗
유월에 파릇파릇

너를 지켜보며
하루하루 행복한 꿈을 키웠지.

어느덧 엄마 상추 되어
즐거운 식탁 차려주니
고맙기도 하여라.

상추 궁합은
삼겹살이 제격이랬지

자! 오늘 가족 점심은
쌈밥 정식으로
뽐내어 보자꾸나!

빛으로 오신 분

사랑과 섬김
이것이 세족식洗足式
의미입니다

난생처음
십이사도 중,
한 제자로서
세족식을 받아보았지요
본당 신부님으로부터
받은 축복입니다

겸손하게 타인을 위해
살라는 무언無言의
맹세입니다

어느 날
평상복을 입으신
신부님의 의복衣服을
보고 깜짝 놀랐습니다.

허술한 바지를
바늘로

꿰맨 자국을 보며
나도 모르게
탄식이 나왔습니다.

아! 거룩한
성자聖者의 자태姿態!

당신께서는
양들의 영원한 목자이십니다.

빈 의자

온종일 운동장이
사람들로 법석댑니다.
테니스 농구 축구장
둘레 길에도

빛나는 햇살 아래
'힐링'이란 이름으로
삶의 에너지를
유감없이 방출합니다.

노을이 드리우자
집합체들이 하나둘
순식간에 형체도 없이
사라집니다.

아! 텅 빈 자리
남은 건,
허공뿐.

떠나면 모두가
빈자리인 것을!

다투지 맙시다.
허무한 인생 아니오…?

화마 火魔

울진. 삼척…
순진한 바닷가 동네에
붉은 크레파스 칠을 한
너는 누구니?

가면假面 속에
음흉한 얼굴 감추고서
은빛, 금빛 마을
흙빛으로 물들였구나!

남북으로 희망 찾아 달리던
동해 열차 기적 소리는
끊어진지 오래

푸른 바다는
핏빛으로 변해
동해를 헤매는구나.
어쩌려고
그런 몹쓸 짓을 했니?

다시 물어보자?
한겨울,

따뜻하게 가슴 데워준
나의 친구가 아니었니…?

사막

반짝반짝 빛나는
보석 같은 너의 몸통

뜨거운 바람결에
이리 뒤 척
저리 뒤 척

뼛가루 하얗게
날리고 나면
신기루 모래성

은빛 언덕 위에서
내게 내밀하게 전하는 말을

'서둘러 가려 하지 말게
한 발 가면 반 발 밀리고
급히 가면 넘어지는 길이라네.'

그 길은
구도자求道者의 길이었네.

언덕 너머

6월의 붉은 장미를
생각해 보았니?
붉은 꽃망울이 움트기도 전에
개나리 진달래는
이미 피우고 졌단다.

이제부터 피우게 될
희망의 꽃은
온전히 너의 꽃이란다.

오늘 내가 있음이 소중하단다.
작은 일에 실망하지 말고
조금만 더 용기를 내어 보자
조금만 더…

행복이
저곳에서 우릴 향해
손짓하고 있잖니!

경칩

개굴개굴~ 개굴개굴~
울음소리 듣노라면
왜 내 마음은 항상 고향에 와있지?

비 갠 후 너의 노랫소리는
어릴 적 향수를 불러오지

사람들은 엄마 묘 떠내려갈까 봐
걱정되어 운다고 했지,

아니야!
동화 속 이야기일 뿐이야.

나는 알아,
네가 새봄의 희망을
노래하는 것을

나는 알아,
네가 세계적 수영선수인 것도…

너의 평영平泳 실력은
그 누구도 흉내 내지 못하지!

오므려 펴서 쭉~
오므려 펴고 쭉 쭉 쭉~

늦둥이

미숙아로
태어나

눈도
못 뜨던
아기가

훌쩍 커서
좋은 신랑감을
찾아왔네요.

신랑은
훤칠하고
상냥하고
재치가 넘쳐흘러요.

미소 지을 때면
은은한 향기가 풍겨요

어디서
보물 짝을 찾았는지
신기하기만 하지요.
귀여운 막내딸!

제3부
99만 원의 진실

달콤한 유혹

저의 아내는 참 부지런합니다.
남편이 감탄할 정도로
정리 정돈을 잘합니다.
달인에 가까울 정도지요

늘 고맙고 존경스러운데
가끔 내 마음속에 천사를 가장한
검은 손님이 찾아와 상처를 조금씩
입혀보라고 속삭입니다.

선善의 영역城을
무너뜨리려 부단히도 애를 씁니다.

마음의 경계를 단단히 해도
어느새 내 마음 깊은 곳에
숨어들어와
똬리를 틀고 있습니다.

99만 원의 진실

국민이 염려하는 것은
돈의 액수가 아니랍니다.
넘겼다 못 넘겼다.
아이처럼 굳이 따지려 하지 마세요.

진실의 선택은
국민의 몫,
성찰하고 깨어있음이 중요해요.

정의의 여신께서
저 높은 곳에서 보고 계시잖아요.
NO….
안 된다고, 하시잖아요.

보이지 않나요?
법복法服을 벗으라고
엄히 꾸짖고 계시잖아요.

"그만해라,
이놈들아!
선량한 국민 가슴에
피, 멍든다."

모교 母校

이름만 들어도
설레는 단어지요.
꿈도 많은 고교 시절…

어느 날 밤,
50년 후,
다시 학교로 돌아오는
꿈을 꾸었답니다.

그때 허공을 걷고 있는
나의 모습을 보고 깜짝 놀랐어요.

나의 모교는
남산의 정기를 받고
용이 승천하는 산마루 위에
터를 잡았지요.

봄, 여름, 가을, 겨울이
수 없이 지나고

추억이 희미해질 무렵
그리운 교정을 찾았지요.

아! 이럴 수가…
머릿속에 그렸던 추억의
운동장 철봉대
평형봉대도 사라지고

그 자리에 회색빛 아파트가
덩그렇게 서 있어요.

어느덧 반세기
세월이 흘렀군요.

무심한 하늘을 바라보며
다정한 벗들의 이름을 하나하나
불러봅니다.

박구빈, 김경수, 황금찬…

꿈을 영글게 했던
나의 교정校庭이여!

영원히 잊지 못할
은혜로운 스승이여!

말씀

"팔과 다리가
잘려 나가신 예수님"

너희가 불쌍한 사람들에게
내 손과 발이 되어 주거라.

고백

고즈넉한 가을
오후 공원

나뭇잎이 바람을 감싸 안고
세월을 마감하듯
흐느끼며 내 가슴속으로
파고듭니다.

생명을 다하면서
내게 전하고 싶은 말이
있었나 봅니다.

'한 줌 흙이 되어
하얀 날 새우고,
새봄의 희망을 안겨주고 싶어요.'

'사람들은 낙엽을
그냥 떨어진 잎이라고만 하지요.'

'거룩한 희생' 이라고
여기지 않습니다.

투표소 가는 길

국민의 권리? 의무?
아차! 빈손으로 너를 두고 왔구나.
착한 후보 얼굴 누구였더라?
자책감이 밀려오는 순간,

더위란 놈.
쏜살같이 다가와
내 체내 수액水液을
한꺼번에 다 빼 먹고
이마에 새 계급장까지
달고 있네?

그 모습 안쓰러웠는지
저 건너 순교자 성당,
성모마리아 님,

어서 내게 와 쉬어 가라
손 내밀어 주시네.

헐레벌떡 뛰어가
거룩한 마음으로
무릎 꿇고 두 손 모으니

더위란 놈 두려워서
땅바닥에
폭삭 주저앉아 버리네.

모후이시어!
당신께 청하옵니다.
위정자들의 맹세가
거짓이 되지 않게 하여 주시고
임기를 마칠 때
국민 앞에 빈 손 보이게 하소서!

노인

홀대하지 말게.
인생길의 소중한 책사策士이니
보물처럼 모시게!

세찬 풍파를 이겨내고
잔주름 속에 우주의 꽃을
피웠나니

어찌 그 내공을
천수淺水에 비교할 수 있겠는가?

명경지수明鏡止水의 마음으로
바라보게
진면목眞面目이 보일 걸세!

부디,
온유함으로 모시게!

둘째 사위

그림은
피카소와 빈센트 고흐를
능가하고

손재주는 미켈란젤로와
어깨를 나란히 하니,

그대
공씨氏 가문
예능인의 후손이 분명하오.

장밋빛 미래
꿈꾸어가며
희망찬 내일을 설계하니

그대
우리 집 두 번째
반짝반짝 빛나는

귀한 보석寶石임이
틀림없소!

풍경

이른 아침
아름다운 노인 봉사단원

외 설악산
나지막한 언덕 운동장에
옹기종기 모이셨네.

나이 들어 몸도
성치 않으신데

환경 사랑
굽은 등에 업으시고

아름다운 길
천국 길
정성스레 내고 계시네.

지나가는 길손에게
달콤한 미숫가루 한 잔
건네주시니

오호라!

정녕, 이것이
천국의 정취로구나!

기도

그대 쌀 한 톨에
감사기도 드려 본 적 있소

도리깨로 내리치고
또 후려치고
맨발로 방아를 밟고
또 밟고

발바닥에 금이 가고
헤어져서 나온 식량이라오.

그러하니
한 톨 한 톨
흩트리지 말고 정성으로 대하오.

그 속에
우주와 농부의
협업協業의 기운이
담겨 있나니…

저 비는

이슬비일까?
가랑비일까?
보슬비일까?

나뭇가지에
사뿐히 내려앉는
저 모습 좀 보세요.

세상 무거운 짐들을
다 내려놓고 있잖아요.

재물도 권력도
다 무겁다며
훌훌 털어버리고 있어요.
이기심마저도…

동자童子의
웃음을 짓고 있잖아요.

해님

연인 되자며
얼굴 붉히고 찾아왔네.

고운 손
따스한 말 건네주고

수줍어
구름 속에

살짝
숨어버렸네.

할머님의 꿈

외설악 깊은 산골
외딴집 할머니

아침부터
문 앞 낡은 소파에 앉아

윗집 할아버지
얼굴 보고 싶어

오늘도
이리저리 고개 돌리고 계시네.

나뭇잎 사이로
정다운 손 인사를
보내고 있는 줄도 모르고서

오메가 시계

무슨 일이든 결단은 쉽지 않아요.
그러나 빠르게 결단해야 할
순간이 있답니다.

아내에 대한 사랑의 감정을
표현할 때이지요.

먼 길 떠나 돌아올 때
선물의 시간은 더욱 그러해요
그리움에 대한 보상이거든요

이곳은 스위스입니다.
몽블랑 Mont blanc 이
은빛으로 반짝이고

샤모니 마을에는
요들송이 울려 퍼집니다.

하얀 구름 속에 비친
임의 얼굴이
손 내밀면 닿을 것 같습니다.

선물로 그리운 마음을
포장했습니다.

그 시계!
우주인이 달에서 착용한
최초의 시계였다지요?

측은지심

권력을 누린 사람들
속마음
참 알 수가 없어요.

기어이
업적을 남기고
떠나고 싶은가 봐요.

그 돈
가난한 이웃에게
나눠 주면

살아있는 국민 회고록이
될 텐데,
싫은가 봐요…
누가
그 책 읽어보나요?

한평생
땀으로 얼룩진
보통 사람들의
이야기라면 몰라도…

차라리
한 권의 시집을 내세요.

진화론과 창조론

과학은
우주에 대해
How로

종교는 who로
질문합니다.

하늘의 신비
가늠하기조차 힘들어요.

답변은
하나일까요?
둘일까요?

빅뱅으로 접근해 볼까요?
작은 알맹이의 원자를 누가
터트렸을까요?

우연일까요?
의도적인 힘이
작용했을까요?

"……"

마치,
그 둘은
한 그릇 안의
두 요소인 듯합니다.

열매의 진실

악의 열매가
익기 전에는
악한 사람도 복을 받는다.

그러나 열매가
익을 때는
악한 사람은 벌을 받는다.

선의 열매가
익을 때는
착한 사람은 복을 받는다.

그러나 열매가
익기 전에는
착한 사람도 화를 만난다.

설날

시냇물이 꽁꽁
손도 꽁꽁
발도 꽁꽁

초가지붕 처마 밑
코주부 고드름이
주렁주렁

동장군이 심술을
마구 부려도

선물 한 아름
안고 오는

기다림이 있어
행복합니다.

옹기

장인의 손이
흙 속에서 요술쟁이가 된다.

질퍽질퍽한 반죽에서
새 생명이 싹튼다.

매 란 국 죽 梅蘭菊竹
절개로 태어난다.

빈 항아리엔
새 이름표가 달리고
꿈들이 영글어 간다.

손흥민

삼행시 1

손- 손에 트로피 잡고 보니
흥- 흥미진진하네.
민- 민족의 이름 '손흥민'이 드높였어요.

삼행시 2

손- 손. 발이 부르트게
흥- '흥부' 처럼 열심히 뛰면
민- '민들레꽃' 꽃말처럼 사랑과 행복이 찾아온다오.

겨울 선물

살아오면서
나도 모르게
까맣게 된 마음을
하늘은 아는가 보다.

함박눈이
순식간에 마법사가 되어
까만 마음을
하얗게 바꾸어 버린다.

손 내밀어
송이송이 눈꽃 송이
담아보라고 한다.

한 아름 가득히
가슴 시리도록…

셰르파족

너는 산을 오르는 민족이
아니었지.

생존을 위해
티베트 인도로 가는
어느 길목 위에 서서

설산雪山을 바라보며
생명의 나침판
되어 주기로 다짐했지.

고달플 때면
'뚬바'* 한 모금 입에 물고
'다넬'**을 타며 어깨를
들썩이기도 하지.

그대는 산악인의 영원한 친구
영원한 길잡이라네.

---

* 뚬바: 전통 술
** 다넬: 전통 악기

마지막 간병인

여섯째 누님께서
하늘나라에 가신 지
1주기가 되었어요.

긴 병에
효자 없다고 했던가요?
그런 중증 환자와 하얗게
두 해 밤을 새웠지요

병원 구석 낡은 의자가
때때로 나를 뉘어주며
위로해 주었어요.
쪽잠도 청해주고…

그렇게 지쳐가며
위로받던 어느 날
창조주의 음성이 들려왔어요.

'나의 피조물은
내가 거두어 간다.
슬퍼하지 말거라.'

'이별은
또 다른 나와의
새로운 만남이니라.'

9시 30분

나는 이토 히로부미를
15개 죄목으로 단죄하노라.

1909년 10월 26일 아침
아홉 시 삼십 분
3발의 총성이
하얼빈 하늘에 울려 퍼졌다.

그중
제국주의로 세계평화를 어지럽힌 죄
이웃국의 국민을 살상한 죄
조선의 외교권을 박탈한 죄

이것이
첫 번째 총알의 의미요
두 번째 총알의 의미요
세 번째 총알의 의미로다.

"나는 조선 독립군 대장으로서
평화를 지키려고
적군을 물리친 것이니
이를 어찌 죄라 하겠는가?"

담대한 말에 놀란 제국주의자들은
단 일주일 만에 젊은 영웅의
발자취를 지워버렸다.

1910년 3월 26일
오전 10시.

아! 아!
뤼순 감옥의 피 맺힌 하늘이여!

낙인

또 다른 십자가로
다가오는 이름

오늘도
회색빛 하늘 아래
웅크리고 앉아 있다

인식표를 떼임 당하고
원圓 밖으로
밀쳐진 영혼들…

이제 되었다.
그만 그만하자!

열린 가슴으로
힘껏 안아주자!

시대의 질긴 울타리를
벗기고 끊어버리자!

너와 나 우리
모두

미래의 '예비 장애우'가
아니던가…?

선풍기

참 그놈!
어디에서 바람 훔쳐 왔나?

산 위에서 부는 바람?
바다에서 부는 바람?

한여름 삼복더위 기습할 때
무섭게 양쪽 팔 휘저으며
장비의 기세로 달려가니

더위란 놈
삼 십 육계 줄행랑을 쳐 버리네!

신분 차별 없이
냉가슴 활짝 열어 주니
너는 여름날의 일등 공신이로구나!

껄껄껄!

사랑할 걸
미워하지 말걸

베풀 걸
인색하지 말걸

화해할 걸
공격하지 말걸

알려줄 걸
숨기지 말걸

고집 피우지 말 걸
겸허히 들을 걸

잘못을 인정하고
다시 시작할걸…

왜 이제야
후회하는 것일까?

그대 덕분입니다

오늘은 여의도
화려한 잔치 날입니다.

코로나 종식을 선언하는
3년 만에 열린 불꽃축제 날입니다.

행복 실은 열차가
한강 철로를 천천히 지나자
강물이 출렁이며 노래합니다.

정겨움으로 무장한 기관사님!
하늘로 솟구치는 불꽃을
오랫동안 보여주려고 열차 바퀴를,
안간힘을 쓰며 꽉 잡습니다.

끼익~끼익~끼익~

일순간,
열차 꼬리 등燈까지 꺼주니
감성 넘치는 낭만 열차로 변신합니다.

당신께서는

보통 사람들의 삶을
섭렵涉獵하고 계신 진정한
국민의 위로자입니다.

봄날의 미소

꽃봉오리
탱글탱글 고개를 내밀고

새끼 거위
엄마 등에 올라
소풍을 간다.

아이들이 뒤질세라
놀이동산으로 구름떼처럼
달려간다.

괴물 기구들이 횡행 굉음을 내며
몸을 비틀어 춤추고
하늘까지 오르다가 지쳐서
지옥으로 추락한다.

분이 안 풀려서인지
씩씩거리며 숨을 헐떡인다.

아이들은 아랑곳하지 않고
비명을 지르며 즐긴다.

아 악~ 아 아 악~
소리치며 희열을 느낀다.
그래서 젊음인가 보다.

김상옥 의사 순국 100주년

사람들이
나에게 던진 질문입니다.
'왜 손을 뒤로하고 있습니까?'

나는
'일제에 나라를 빼앗긴
손이 부끄러워
감히 앞으로 내밀지
못하였습니다.'

나는
'내 나라가 독립을
찾을 때까지 항거하며
절대 항복하지 않기로 다짐했습니다.
마지막 순간이 오면 겨레를 위해
한목숨 기꺼이 바칠 것입니다.'

의연한 마음으로 혈혈단신
일군日軍 1천여 명과
서울 시내
한복판에서 총격전으로
대처했던 기개 넘친

조선 독립운동의
젊은 영웅이시여!

민족 투사를 검거하고
고문했던
종로경찰서를 폭파하고
일군의 간담을
서늘케 하신 열사여!

죽어서도
'조선 민족이 살아 숨 쉬길 원하고,
독립운동의 산증인이
되고 싶다' 고 하시던
그 말씀.

단심丹心…

한 발의 마지막 총성은
'애국' 이었습니다.

"대한 독립 만세…"

제4부
낙엽의 주소

김수환 추기경

웃음이 나온다.
울음이 나온다.
바보라서.

당신께서는
어느 길을 걸을까 망설였지요.
세상을 보니
온통 막힌 길뿐이었어요.

그래서 자신을 다독이고
또 다독이며
내 길이 아닌 네 길로 가기로
결심하셨지요.

일그러진 영혼을 깨우시고
아픔을 치유해 주시려고
낮은 길로 내려오셨지요.

영웅이라는 말 대신
바보라는 이름을 더 사랑하셨지요.
하늘에 오르는 그날까지도.

민들레

은빛 깃털 외투를 뽐내니
그대는 귀족의 가문

4월이 오기도 전에
마음이 급했나요?

동료 꽃들보다 먼저
예쁜 자태를 보이고
싶었나요?

곤히 잠들었다가
새봄이 오면
누구보다 먼저 달려와

농부의 주름진 볼에
입 맞추어 주는

이른 봄날의
어여쁜 신부!

되고 싶어요

허허허~
소탈하게 웃는
옆집 아저씨가
되고 싶어요.

시장 한 모퉁이에서
삶의 지친 얘기 들어주는
정겨운 국밥집 주모가
되고 싶어요.

엄동설한嚴冬雪寒
달동네 사람의
작은 이불이
되고 싶어요.

가슴 아파하는
'N포 세대'에게
희망의 등댓불이
되고 싶어요.

만약에
만약에…

내가 그 사람이
된다면요.

벚꽃이 필 때면

상춘객의 마음속에
봄의 물결이 출렁입니다.

새들은 꽃잎을 머금고
꽃잎은 향기를 머금고
꽃비 내리는 길을 걸어갑니다.

연분홍 꽃잎
바람결에 휘날리면

나는
수줍은
봄날의 신부가 됩니다.

폭포

조각칼로 파고
망치로 두들기고
다듬어서

만들어 낸
천상의 아름다운
걸작傑作품

하얀 드레스 속
감추어진 웃음소리

영원히 목마르지 않은
생명의 샘

용서란

면죄부가
아닙니다.

적을 향한 적선도
감정의 망각도 아닙니다.

함께 걸어가는
십자가의 길입니다.

농촌의 봄날

짹짹~
짹짹 짹 ~
참새 소리에 잠이 깨어
창문을 열어 봅니다

양털 구름이 떼를 지어
소풍을 갑니다.

싱그러움으로 가득한
적막한 오월의 농촌 아침

부지런한 농부의 경운기 소리에
아침이 깜짝 놀라자

라일락이
하얀 이를 드러내며
활짝 웃고 있습니다.

동박새

동백꽃이 필 때면
나는 한 마리 동박새*가 되어
어린 시절로 날아갑니다.
봄 소풍 보물찾기 추억이
파릇파릇 피어오릅니다.

학교에서 그다지 멀지 않은 곳에
아늑한 저수지가 있었고
나지막한 구릉丘陵 산지 주위로
동백나무가 빼곡히 바위틈새에
군락을 이루고 있었지요.

점심시간이 다가오자,
선생님이 뒷걸음으로
몰래 바위 밑에, 고목古木 구멍에
보물 딱지를 숨깁니다.

개구쟁이들을 보며
동백나무가 입을 크게 벌리고
함박웃음을 짓습니다.

---

* 동박새: 동백꽃의 꿀을 무척 좋아해서 동백 새라고도 불림.

보물은 내 발아래 있다고
어서 와, 어서! 하며
다정하게 어깨동무하자
봄날의 동화 꽃이 활짝 핍니다.

동백꽃이 필 때면, 어머님이 보고파집니다.
오일장이 돌아오면 동백기름 향기가
초가집 마당을 맴돌고
머리를 곱게 빗으신 어머님의 머리에는
윤기가 번지르르합니다.

뒷머리까지 정갈하게 틀어 올리시고
옥비녀를 가르면
준엄한 대감 댁의
귀부인貴婦人이 됩니다.

동백꽃이 필 때면,
누님의 전통 혼례가 떠오릅니다.
10살 때쯤이었나 봅니다.

집 앞마당에 멍석을 깔고
신랑 신부가

동백꽃에 파묻혀
혼례를 올립니다.

하객이 구름 떼처럼 몰려들고
저마다 예식(禮式)이 끝나기를
눈을 부라리며 기다립니다.

왜냐고요?
당시는 동백꽃이 귀하고 예뻤거든요.
모두가 달리기 선수처럼
준비하고 있습니다.

어린 나도 기회를 엿보고 있었겠지요.
그러나
결국 어른들에게 떠밀려서
한 송이 꽃도 따지 못하자
그만 서러워 땅에 주저앉아
울고 말았답니다.

새봄이 찾아올 때면
나는 한 마리 새끼 동박새가 되어
추억 한 모금 머금고 내 고향
산천으로 달려갑니다.

하하하~

살아 보니,
등대 되어 준다던 사람
온데간데없고

공정 평등 세상 기대했더니
허망한 꿈이었네.

'홀로 서라' 는 말
뼛속 깊이 시려 오네.

진심으로 나를 사랑하신 분
한 분뿐이셨네.

하하하~
이 시대에 태어나 웃지 않으면
그대는 바보라네.

귀농의 무게

귀농 $_{歸農}$ 해서 첫 작품으로
오미자 $_{五味子}$ 를 심었지요.

꽃망울이 트이고 빨갛게
탐스러운 옥구슬이 달리기 시작하면
이내 가슴이 두근거립니다.

수확의 기쁨을 만끽하며
한 줄기 한줄기 따다 보면
허리가 활처럼 휘어집니다.
아픈 줄도 모르고 까맣게 얼굴이
그을린 것도 모릅니다.

갑자기 무서운 말벌의 습격을 받아
응급실에 실려 가기도 하고
줄기 가지에 찔려 상처를
입기도 합니다.

'수고로움 없이 결실이 없다.' 는
대자연의 위대한 법칙을 배웁니다.

농자천하지대본 $_{農者天下之大本}$ 이란

맛깔스러운 깃발 아래

새내기 농부는 밤마다
달을 보고 울었답니다.

매미의 울음

한여름
매미가 울부짖고 있다
맴 맴 맴 맴 맴~
휩쓸려 간 것들에 대한 서러움이다

매미가 눈물을 흘리고 있다.
맴 맴 맴 맴~
온정 어린 구호에 대한 감사의 눈물이다

매미가 활짝 웃고 있다.
맴 맴 맴~
새 희망의 꽃이 피었다.

조리개

열면 열수록
밝고 큰 세상

닫으면 닫을수록
어둡고 작은 세상

마음도 꿈도
행복도
문을 열면 천국이요
문을 닫으면 지옥이 된다.

소망

여기저기서 톡 톡 톡…
생명의 움트는 소리가
실바람에 실려 온다

시냇가의 버들강아지 갯버들도
긴 겨울잠에서 깨어나
쭉 기지개를 켠다.

세상 풍경이 하 수상해,
가지마다 얼굴들을
쏙쏙 내밀고 있다.

이 봄에는
다시는 코로나 같은 질병이
창궐하지 않고
건강한 사회가 되게 해 달라고
기도드립니다.

이 봄에는
위정자爲政者들이 국민 위에
군림하지 않고
공복公僕의 자세로

국민을 섬기게 해 달라고
두 손 모아 기도드립니다.

이 봄에는
다시는 참사慘死로
눈물 흘리는

국민이 없게 해 달라고
간절히 두 손 모아 기도드립니다.

가을 축제

어김없이 단풍이 물들면
형형색색의 꽃들이
제각기 축제의 주인공이라 뽐내며
무대에 올라섭니다.

육신을 불사르고
오색 향을 발산하며
사계절 내내
파란 꿈꾸었노라고
길게 안식의 숨을 토해냅니다.

꽃동산에 올라탄 인파들이
뭉게구름 아래 모여서
늦 가을의
바이올린 연주 소리에 취합니다.

국화 동산이 성큼 걸어와
나를 느껴보라고
어깨를 포개어 줍니다.

한 걸음 더
꽃들의 향연 속으로 들어가자,

행복 일기장이
무지개 페이지를 펼쳐줍니다.

추억

가을 창문 너머로
잎 새가 나부낀다.

웃는 것일까?
우는 것일까?

건들바람 불어오니
떠난 임을
그리워하는 것일 거야.

자존심

나뭇잎이 우수수 떨어지며
대지 위에서
제각기 길을 찾는다.

그중 한 놈!
길바닥 갈라진 틈 사이로
아슬아슬하게 서 있다

바람이 불어와도
뚝심 있게 서 있다

보잘것없다 소리
듣기 싫은가 보다

사계절 내내
장대長大한 꿈을 키웠노라고
외치고 있다.

길

엊그제 공원 족구장을 새롭게 단장하려고
보수공사가 시작되었다.
오늘은 바닥을 부드럽게 다지기 위한
작업을 하려나 보다.
낯 설은 분이었다.
하얗게 서린 머리로 보아
숙련된 기술자였다.

소금을 바닥에 고루고루 뿌리고
쓸개로 밀고 당기기를 수십 번 반복하며
구슬땀을 흘리고 있었다.
작업 막바지에 이르러 핸드폰으로
사진을 찍었다.
작업완료 보고를 하려는가 보다.

이내 출입문을 나서면서
벤치에 앉아 있는 나를
등 뒤로 힐긋 보며
손짓한다. 저기요?
화장실 문이 잠겨 있는데,
또 다른 화장실은 없나요?

24시간 개방된 화장실이었다.
환경이 익숙하지 않아서일 거야!
직접 안내해 주었다.
열린 문이었다.
웃음을 참으며,
몇 마디 여쭸다.
어디 분이세요?

아, 다른 지역에 삽니다.
그러면 며칠 일하세요?
이틀입니다.
계약이 참 짧군요. '네.'
'그래도 할 수 없지요.'

순간 노인의 이마에 그려진
수많은 길이 내 눈을 파고들었다.
굽이굽이 인생 고갯길…

윤회

하얀 눈송이가
너울너울
춤추다가

대지 위에
사뿐히 내려앉는다.

스르르 녹는다.
한 줌 물이다

외로운 들풀
목말라
외칠 때
한 줌 생명수 되고 지고.

농부의 한숨
후~
길어질 때
한 줌 생명수 되고 지고.

한 송이 눈이 떨어져
또 무엇이 되려는 것일까?

낙엽의 주소

석양에 물든 나뭇잎이
또르르~ 또르르~ 구르며
집을 찾아가고 있다.

하루 일을 마친
발걸음이 즐겁고
신나 보인다.

궁금하다.
어디쯤 살고 있을까?

한 줄기 바람이
나를 끌고 간 곳.
움푹 파인 도로 끝자락

한 무리,
색동옷 입은 친구들이
삼삼오오 모여 있다.
이곳은 키부츠 공동체 마을.

'탐욕' 이란 단어를
찾아볼 수 없는 곳.

제5부
달맞이꽃

미학 美學

뒷걸음으로 걸어보니
보지 못한 것들이 다 보인다.

산의 정상 밑
7부 6부 5부 능선도 보인다.

구름 흘러가는 소리
바람의 속삭임 소리

깊은 숲속
새끼 새들의 재잘거리는
소리까지 들린다.

인생은
느림의 미학 美學 이려니…

이스라엘 팔레스타인 전쟁

한 토막 낮도
한 토막 밤도 사라졌다.

푸른 행성이 검게 타버렸다.
화해의 손을 내밀어도

천사를 보내도
통째로 손을 뿌리친다.

인큐베이터 생명까지도
여지없이 내팽개쳐지고

산야에는
사자死者의 울음소리만
가득할 뿐…
그 어디에도
신의 음성은 들리지 않았다.

하지만 그분을 향한
기도소리는 멈추어서는 안 된다

간절한 기도는
기적을 낳는 법이니…

볼록거울 앞에서

산책길에 나섰다.
반려견(伴侶犬) happy와 함께

예쁜 거울 앞에 서서
인증 사진을 찍으려는데

순식간에 나를
작게 만들어 버린다.

영문도 모르고
사시나무 떨듯 서 있었다.

발걸음을 떼려 해도
움직이지 않는다.

어떻게 빠져나가지?
묘책이 없다.

나도 모르게
슬그머니 뒤돌아섰더니
족쇄가 풀려버렸다.

경고

내 집은
항상 열려있다

손님도 좋고
불청객도 좋다

그러나
눈 감은 자
돌아보지 않는 자
귀를 막은 자에게는

내 집은
항상 잠겨있다.

생살권

참새들이
짹짹
짹 짹짹

지나가는 나를
불러 세운다.

수족관을 향해 손가락질한다.
물고기들이 거품을 머금고
숨을 헐떡이고 있다.

두 손을 들고 있는 것을 보니
살려달라는 애원인 듯싶다.

그 중 한 마리 참새가
내 머리를 톡톡 치고
손등을 스치며 지나간다.

머리를 쓰고 손을 써보라는
무언의 몸짓인 양.

"허 참!

내게 생살권生殺權이 없는데
어떡하지…?"

두 손 모으고 주인께
부탁이라도 해 봐야지!

말言

과언過言은 소인배를 만들고
마음을 궁窮하게 한다.

과언寡言은 군자를 만들고
영혼을 빛낸다.

묵언수행이 아름답다고 함은
무엇인가?

뱉어진 말은
쏟아버린 마음과 같은 것이거늘…

산다는 것은

음식도 풍부해지고
문화생활도 윤택해지고
수명도 길어졌다

분명, 축복이다
그럼에도

탐욕을 일삼고
지위를 탐내고
나눔에 인색하다면

죽은 인생이다.
하루살이보다 못한
인생이다.

적어도
하루살이는 하루를 살면서도
최선最善을 다하고
후회 없이 생을 마감한다.

붕어빵

겨울이 되자
한강의 잉어들이 회의를 열었다
추위에 떨고 가난에 굶주린 사람을
어떻게 위로해 줄 것인가를…
칠흑 같은 어둠을 틈타

사람들이 북적대는 곳
붕어빵 할머님을 찾아가기로 했다
사연을 얘기하자,
할머님이 감격의 눈물을 흘렸다.

기쁜 마음으로 잉어를 구워
굶주린 사람에게 식량으로 나누어 주며
혈색이 없는 사람에게는
하나 더 얹어주었다.

잉어는 행복해하는 사람들의 얼굴을
가슴에 품고
영혼이 되어 다시 강으로 돌아왔다.
아무 일 없었다는 듯…

사람들은 몰랐다.
따뜻한 봄날이 올 때까지.

기다림

떠난 임이
그리워진다.

달이 차면
돌아온다던 임

초승달이 뜨면
그리운 물결 출렁이고

상현달이 뜨면
올 것만 같아

보름달 속에 비친
임의 얼굴

달려가 손잡으면
덩그렇게 떨어진 달그림자.

군밤

숯불에 구워야 맛있다.
엄마 아빠가 까 주워야 맛있다.

까만 껍질을 벗기면
김이 모락모락
통통한 살이 노랗게 드러난다.

아이가 한 입 깨문다.
'앗, 뜨거워' 하며 펄떡 뛴다.
이내, 후후 불며 혀를 식힌다.

또 한 입 깨문다.
얼굴에 예쁜 밤꽃이 피어난다.

아빠 엄마도 한입 깨문다.
웃음꽃이 피어난다.

한 장의
겨울 그림엽서

비행기

창공으로 비상하는
한 마리 은빛 수리

하얀 꿈 분홍 꿈
날개 속에 고이 접고

산 넘고 바다 건너
훨훨 날아라.

우리 엄마, 아빠
행복 싣고 날아라.

하늘 쳐다보며
손가락질하던
꼬마 요정
꿈도 안고 날아라.

멀리멀리 날아라.
저 하늘 끝까지.

오세암 五歲庵

백담 百潭 계곡
흐르는 물길 따라

천년 사찰
영시암 永矢庵 이 자리 잡고,

굽이굽이 산길 넘으면
깊은 골 선경 仙境 에
'관세음보살'이 계시네.

천신만고 千辛萬苦 끝에
암자에 다다른
기진맥진한 길손에게
내어준 밥 한 끼는

알고 보니,
오세 동자 童子 의
자비의 손길이었네.

눈길 머무는 곳마다
자욱한 관음 觀音 의 향기 풍기니

이곳이 진경珍景이요.
불국토佛國土 일세.

달맞이꽃

낮에는 누가 볼까 봐
고개 숙인 꽃

어둠이 찾아들면
한 송이 그리움으로
피어나는 꽃

그리움이
사무칠 때면
달님에게 마법 배워

밤의 요정妖精으로
피어나는 꽃

소의 운명

밤낮으로 우는
아기 소가 있다

배고파서일까?
엄마가 보고파서일까?

우리 소 불쌍하다고
약손으로 다독거려 주는
할머니.

어린 손자가 사연을
물어본다.

'넋 나간 듯
한숨 섞인 소리'

하늘로 올라간
엄마가 보고 싶어서 운단다.

가엾기도 하지
우리 아기 소…

돌개바람

햇빛이 영그는
오후 시간

바람이 빙글빙글 돌며
춤을 춘다.
낙엽을 껴안고서.

환경지킴이 아저씨가
씩~ 한 번 쳐다 보며
웃고 지나간다.

고맙다.
고마워!

회오리바람아,
우리 내일도 모래도
다시 만나자

너는
내 마음을 헤아려 주는
유일한 벗이야!

버스

버스는 부지런하다.
이른 아침부터 늦은 밤까지
쉼 없이 일한다.

버스는 시간을 지킨다.
약속의 소중함을 알기 때문이다.

버스는 무례하지 않다.
귀천을 따지지 않고 친절을 베풀어준다.

버스는 외롭지 않다.
행복을 싣고 달리기 때문이다.

버스는 욕심을 내지 않는다.
일한 만큼의 소득으로 만족할 줄 안다.

버스의 한 걸음
한 걸음은

사랑의 물음표가 되어주고
사랑의 느낌표가 되어준다

폐지 줍는 노인

폐짓값이 또 내렸다.
1 kg에 100원에서 30원으로.

삐거덕거리며,
수레바퀴가 인생 고개를
힘겹게 넘어간다.

까만 밤하늘
달도 별도 눈물짓는다.
어둠을 뚫고서 어디선가 폐지가
얼굴을 내밀면서 태워달라고 한다.

동이 트였는데도 짐칸이 비어있다.
대여섯 시간,
이 동네 저 동네 누비며 얼추 채웠다.

노인 등에 업힌 폐지가 일어서며 말한다.
이제 그만해도 되었다고 한다.
건강도 챙기시라고 한다.

혈투 끝에 하루 번 돈은
일만 원이었다.

한 끼 식사비도 못되지만
오늘 일에 보람을 느끼며
송송 파인 황갈색 이를 드러내며 웃는다.

세상 어디에도 없는
아름다운 미소…

노인의 마음은
처음도 마지막도 한결같았다.

발자국

남의 발자국은 쉽게 보지만
나의 발자국은 쉽게 보지 못한다.

하지만
하얀 눈 내린 길을
걷노라면
남겨진 발자국을 볼 수 있다.
형태와 특징, 습관까지도.

우리의 생각도
조금만 바꾸어 본다면,
편견과 아집에서
벗어날 수 있다.

발자국은 인생을
'피드백' 해 주는
성찰의 메시지이다.

골리앗과 다윗의 싸움

어린 손자의 죽음 앞에서
할머님이 오열하고 있다.

차라리
내가 운전하지 말 것을.

멧돼지의 얼굴로
독수리의 날개를 달고 비상했다.

어느 운전자가 보아도
급발진이었다.
하지만
어느 누구도
피해자의 편에 서 주지 않았다.

'개인이 사고 원인을 입증해야 한다.'
"계란으로 바위를 치는 격이다."

수많은 사람이 다치고 슬퍼했던
'가습기 사고의 판박이다.'

혈색 잃은 아빠의 외침을 들어보라!

'정의는 이 땅에서 사라졌다고 하지 않는가?'

무슨 연유인지
국회에서 "도현이 법안"은
여전히 깊은 잠에 취해 있다.

지하에서,
어린 도현이가
슬프게
울고 있지 않는가?

블라디미르 푸틴

사람들은
어려웠던 시절을
가끔은 잊어버린다.

노동자가
기업 경영자가 되었을 때
하급 정치인이
큰 정치인이 되었을 때

가끔은
그 시절을 잊어버린다.

권좌에 올라선
역사적 인물들이 그러했다

그 또한 빈곤한
노동자 집안에서 태어났다.

한때는
불량소년이기도 했지만
모범 청년으로 성장했다

그런 그가
세계적 통치자가 되었으니
신께 감사드리고

역사에
선한 인물로 기록되기를
희망한다.

권좌는
영원하지도 않으며

돌고 돌아 다시
원점으로 회귀한다.

그것이
자연의 이치이다

누구나가
돌아가야 할 그 땅은
한 평, 남짓이다.

늦었지만,

깨우치는
참된 인물이 되기를
두 손 모아 간절히 기도한다.

박태기나무

누가 너를 나무라고
불러주던 이 있었던가.

누가 너를
꽃이라고 기억해주던 이 있었던가.

새봄이 오기 전까지
너의 모습은 초라하고
생기 잃은 빈목貧木에 불과했다

몸통은
마른 깍 떼기와도 같았다

비로소
봄이 무르익을 무렵
화단의 맨 뒤쪽에 앉아 있다가
일어서서 한 발짝 내게 다가와
존재의 가치를 드러내기 시작했다

까칠한 피부가
살아 숨쉬기 시작할 때쯤
너의 열정은 태양을

삼켜버릴 듯 화려했고

알알이 박힌 보석에는
반지르르 윤기가 흘러
향긋한 미소가 피어났다

너는
꽃들의 양식을 생산하는
한 그루 밥알 나무

희망을
노래해 주는
한 그루 생명나무

그저 바라만 보아도 배부른
탐스러운 고봉밥

오늘은
너를 마주하며
봄날을 만끽하고 싶구나!

전봇대

봄, 여름
가을 겨울
다시 계절이 찾아와도

너는
언제나
변함없이 그 자리에 서 있구나.

꽃샘추위가
봄날을 시샘해도

폭우가 쏟아지고
폭염이 괴롭혀도

찬 서리가 두 뺨을 때리고
칼 추위가
맹위를 떨쳐도

너는
감정을 표현하는
방법마저
망각하였구나.

기쁨도
노여움도
슬픔도
즐거움도

다
큰 가슴에 담고
말없이 서 있으니

가히,
열반(涅槃)의 경지에
다다랐구나.

제6부
산문

꽃잎이여!

상상할 수도 없는 크나큰 슬픔이 국민 가슴에 맺혔습니다.

숨 막히는 코로나의 질곡桎梏에서 벗어나 잠시 바깥바람을 쏘이기 위해 그저 거리를 걷던 평범한 우리 시민이었습니다.

청천벽력 같은 속보가 전해집니다. 압사 사고 뉴스입니다.

수백 명의 사상자가 발생했다고요? 도저히 믿기지 않아 귀를 의심했습니다. 처음에는 외신 보도인 줄 알았습니다.

반복되는 이태원 소식에 아연실색했습니다.

땅이 꺼지고 하늘이 무너졌습니다.

충격을 받았을 가족이 먼저 떠오릅니다.

삼가 유가족께 깊은 애도哀悼와 위로의 말씀을 전해드립니다.

사연을 보니, 안타까운 마음이 더해집니다. 토목기사님, 유학생, 외국에서 돌아와 휴식 차 나오신 모녀母女분, 모두가 평범한 우리들의 이웃이요, 사랑스러운 아들, 딸이었습니다.

"살려 주세요" 해밀턴 앞 좁은 골목 안 구슬픈 메아리… 아!

광폭狂暴한 음악 소리에 한 줄기 희망의 외침마저 묻히고 말았군요…

생사生死의 길목에서 얼마나 국가를 애타게 기다렸을까요?

한 젊은 청년의 다급한 목소리가 귓가를 맴돕니다.

"급합니다. 빨리 와 주셔야 해요, 사람들이 죽어가고 있어요."

핸드폰이 떨어졌네요. 아, 아…! 혼신의 힘을 다하며 구조대를 기다렸건만, 어디에도 구원의 손길은 다가오지 않았습니다.

아니, 국가의 손은 없었습니다.

그날 밤은 위정자 모두가 귀를 막고 눈도 감아버린 슬픈 밤이었습니다.

10월 29일 밤 10시 15분.

무정한 밤하늘이여…

국민여론조사 결과… 71.3%가 국민이 국가를 향해 잘못하고 있음을 묻는다고 했습니다.(2022년 11월 8일 방송 내용)

세계 10대 무역 강국에서 "압사"란 단어가 웬 말인가요?

후진국에서나 씀 직한 그런 단어가 아니던가요?

관련자들은 10만 명 이상의 인파가 몰림을 예상하고서도 통제해야 할 인력들이 불순물 벽보를 떼러 갔다고 합니다.

곧 참사가 터질 위중한 순간에요…

어떤 이유로도 용납할 수 없습니다.

최근 법정에서 관련자들 모두가 그런 사고를 예상했다는 답변(2023년 5월 17일 뉴스)이 새롭게 나와 국민을 더욱 비통하게 합니다.

핵심은 준비 부족, 현장 부재不在입니다.

치안을 총 책임지고 있는 공직자는 무슨 까닭인지 지방에 나가 있고, 현장 책임자는 저녁 식사까지 여유 있게 하고 뒷짐 지고 걸어오는 모습에서 국민의 가슴은 무너지고 말았습니다.

분노의 그 밤은 '상식이 뒤집힌 사회'였나 봅니다.

참사 6시간 34분 동안 국가는 그 자리에서 허공으로 사라져 버렸습니다.

각 지역에서 젊은이들의 시민 집회 주제가 '6시 34분'이라니 충분히 이해할 만합니다.

그나마 국민에게 위안이 된 것은, 일선 파출소 하위직 경관의 눈물 나는 울부짖음입니다. "제발 살려주세요. 사람이 죽어 가고 있어요. 도와주셔야 해요." 이 간절한 말이 고위 관료들의 한 마디였으면 얼마나 좋았을까요…

사투를 벌였던 영웅 경찰의 모습이 눈앞에 아른거립니다.

이렇게 성실한 공직자들에게 칭찬은 하지 못할망정, 죄를 묻고 있다니요? 국민의 가슴에서 탄식의 소리가 나옵니다.

수뇌부는 조사도 안 하고 면피하기에 급급하고 책임을 하위 직원에게 전가하는 것이 공정의 가치인가요?

유행어처럼 되어버린 '꼬리 자르기 식' 조사입니다.

국회 대책 회의에서 고위공무원의 답변도 들었습니다.

"일선에서 연락이 왔더라면 조치했을 터인데요."

글쎄 그랬을까요?

절로 긴 한숨이 나옵니다.

분노에 찬 한 일선 공무원이 '내부 망'에 이런 글을 올렸다고 합니다. "조사는 안일하고 태만한 윗선에 해야지, 어려운 조건에서 목숨 걸고 현장에서 최선을 다한 우리가 무슨 죄입니까?"

맞습니다. 그 시간에 사적私的 행동을 한 윗선에 책임이 있는 것입니다.

이번 참사는 안전 지침서가 있었는데도 불구하고 실천하지 않았던 국가의 총체적 부실이요 시스템의 부재입니다. 대다수의 국민 평가입니다. 국가의 기본이 무너진 사례의 표본標本을 본 것입니다.

참사 이후에도 고위 관료의 진중하지 못한 외신 상담이며, '경찰이 출동했어도 막을 수 없었다, 는 등 절제되지 않은 표현이 국민을 더욱 슬프게 합니다.'

어느 한 곳 진실을 볼 수 없으니. 이번 참사에서는 반드시 담당자들의 책임소재를 물어 '일벌백계'하는 모습을 필히 국민에게 보여야 할 것입니다.

10만 인파가 모였는데도 3단계 비상 발령까지 1시간 30분이 걸렸다니, 관계기관의 정보교류 실패입니다.

159명(11월 14일 기준)의 젊은이가 압사하고 부상자 198명(11월 10일)이 발생한 대형 참사입니다.

나도 그 현장에 가 있었을 수도 있었다는 것을 생각하니, 밤잠을 이룰 수가 없습니다.

아침 애도哀悼 방송을 시청하려니, 서러움이 복받칩니다.

한편, 1년의 세월이 가까워 오지만 유가족과 국민이 원하는 '특별법'은 여전히 국회에서 잠을 자고 있습니다.

국가가 왜 존재해야 하는 것일까요?

"……"

이번 참사는 국가의 보상補償이 아니고, 배상賠償적 성격을 띱니다.

그래서 대통령도 국가가 무한배상을 해야 한다고 약속한 것이지요.(11월 13일 보도) 국민은 끝까지 지켜볼 것입니다. 책임과 공정의 가치를 정의롭게 실천할 것인지…

유가족의 한 말씀이 가슴에 깊이 남습니다.

"다시는 똑같은 참사가 없도록 꼭 진상을 밝혀주세요. 그리고 저희를 기억해 주세요."

** 우여곡절 끝에 1년 6개월이 지나서야 '이태원 특별법'이 국회를 겨우 통과했다.(참사 후 438일이다)…1차 관문을 지났지만, 여전히 과제는 산적해 있다.

두 어머님을 그리워하며 부제: 巨木

두 어머님이 그립습니다.

어머님이란 단어를 마주하는 순간, 눈가에 눈물이 글썽입니다.

그것은 어머님에 대한 형용할 수 없는 만萬 가지 감정이 교차하기 때문일 것입니다.

그분의 고귀하신 희생을 어찌 하나의 감사感謝 단어로 표현할 수 있겠습니까?

어머님은 숭고崇高함 그 자체입니다.

'어머님의 노래' 속에서도 가족을 위해 헌신하신 그 모든 것의 절절함이 묻어납니다.

그래서 언제 어디에서 어머님의 노래를 불러도 가슴이 뭉클해지고 감사의 마음이 샘솟는 것은 전혀 이상한 일이 아닙니다.

고희古稀를 맞이했음에도 어머님을 향한 애틋한 감정은 예나 지금이나 변함이 없습니다.

어느 시골 장수마을에 지나가던 객客이 두 노인이 앞마당 평상에 앉아 대화를 나누며 어깨를 다독거리는 장면을 보면서 친구끼리 정담情談을 나누는 것이라 여겼다고 합니다.

그런데, 알고 보니, 연로한 노모와 자녀 간의 대화였다고 합니다.

이토록 부모의 눈높이에서는 자녀가 무엇과도 비교할

수 없으리만큼 보물처럼 소중하고 사랑스러우셨겠지요.

그런 사랑을 받고 자란 둘째 딸이 하늘 우체부 아저씨를 통해 감사의 편지를 띄웁니다.

어머님께서는 2남 3녀를 낳으셨지요.

남편을 40대 나이에 일찍 하늘나라에 보내시고 녹록지 않은 살림에 홀몸으로 농사를 지으시며 보따리 장사를 하시고 힘겹게 5남매를 키우셨습니다. 때로는 산간벽지를 다니시면서 환자를 돌보시고 의약품도 파셨지요.

당신께서는 남편을 잃은 슬픔을 이겨내시고 무서운 정신력으로 가족을 강건하게 지켜내셨습니다. 아마도 그 근저根底에는 천주교 신앙이라는 믿음이 있었기 때문일 것입니다. 낮이고 밤이고, 한순간도 하나님을 향한 기도를 소홀히 하신 적이 없으셨지요.

어디를 가시더라도 묵주를 손에서 놓아 본 적이 없었습니다.

그런 어머님께서는 꿈이 하나 있었답니다. 자녀 모두를 하나님의 목자로 키우기로 결심하셨지요…

그런데 안타깝게도 그 꿈을 이루지 못하였습니다…

하나님께서 기도에 응답하셨을까요?

당신께서 그토록 원하셨던 큰아들이 신학대학에 입학하게 되었지요,

당시, 그 기쁨은 가족 모두의 기쁨이었습니다.

그런데, 대학 교육을 성실하게 받던 아들이 어찌 된 일인지 어머님과는 한 마디 상의도 없이 그만 휴학하고 군대에 가고 말았답니다…

그때 낙담하시던 어머님의 슬픈 모습이 눈에 선합니다.

나중에 밝혀진 일이지만 학교에서 일정 기간 휴학을 권고했다고 합니다.

이유는, 아이큐IQ가 너무 높게 나와서 145 이상 잠시 쉬어야 한다고 했다니, 대학의 결정을 이해할 수가 없습니다. 그 당시가 1960년대라서 그랬을까요?

오히려 우수한 인재를 격려하고 더 다양한 방법의 교수법을 제시해야 하지 않았을까요?

그 소식을 들은 어머님은 그만 병석에 누우시고 말았지요.

얼마나 당신의 마음이 괴로우셨을까요? 남편을 잃고 아들을 신부님으로 하느님께 바치고자 했는데, 하늘이 무너지고 땅이 꺼지는 아픈 심정이었을 것입니다. 그 당시에는 자녀 모두가 죄인이 된 마음이었습니다.

2남 3녀 중, 저희 세 딸이라도 어머님 소망대로 성스러운 수녀의 길을 걸어갔더라면 어머님의 아픔이 적었을 터인데… 하는 안타까움뿐이었습니다.

"어머님, 정말 죄송합니다. 어머님의 작은 가슴이 되어드리지 못했습니다."

"……"

한편, 당시 군인이었던 남편과 성당 예절관면혼배로 혼례를 하였기에 조금이나마 어머님에게 위안을 드렸었지요.

그 후로 성당을 열심히 다니는 저희의 모습을 지켜보시면서 마음의 평화를 찾으셨습니다. 그리고 어머님께서는 종교가 없는 시어머님에게도 신앙을 전교하여 '마리아'란 세례명으로 세례를 받게 하였습니다.

당시에는 불가능한 일이었습니다. 워낙 완고한 불교 집안이었기 때문입니다.

이제 와 생각하니, 이 모두가 보이지 않는 하나님의 신비스러운 계획 속에서 착착 진행된 일이었습니다.

그리고 큰아들이 신부님의 길을 못 걸었지만, 본당에서 '성당 지도자'로 열심히 봉사활동을 하는 것을 보면서 크게 기뻐하셨던 어머님의 얼굴이 떠오릅니다.

그러던 어느 날, 집으로 돌아오는 길목에서 불의의 교통사고를 당하셨습니다.

그때부터 거동이 불편해지셨고 그렇게 몇 해를 고생하시다가 병이 악화하여 정결하신 자태姿態로 묵주를 손에서 놓지 않으시고 하느님 곁으로 가시었습니다.

그래도 생전에, 곁에 살던 두 효자 첫째, 둘째가 지극정성으로 어머님의 병환을 돌보아드렸기에 저의 마음의 짐은 덜 했습니다…

가난 속에서도 평생 올곧게 하느님의 계명을 실천하며 신앙 속에서 가족을 지켜주신 어머님께 감사드립니다. 그 추운 동지섣달에도 자녀들 추울세라 아궁이에 등겨를 하루에도 여러 차례 뿌리시며 풍로 불을 지피셨던 우리 어머님!

다섯 남매를 위해 고결한 희생의 삶을 사셨습니다.

그리스도의 사랑을 가르치셨고 굳건한 신앙을 심어 주셨습니다.

다시 태어난다면, 노고에 보답하기 위해 어머님의 천사가 되어 드리고 싶습니다.

그지없으신 은혜에 감사드립니다. 사랑합니다…

여러분! 수십 년을 함께 살아오면서 며느리와 시어머님 사이에 단 한 번의 다툼고부갈등이 없었다면 믿으시겠습니까? 거짓이라 여기시겠지요.

덕德이 넘치셨던 우리 시어머님을 그리워하며 이 글을 올립니다.

우리나라는 전통적으로 유교문화에 근간을 두었기 때문에 고부갈등이 유독 심했습니다.

조선시대 고전 집 '시집살이' 노래에서도 그 분위기가 느껴집니다.

"형님, 형님 사촌 형님 시집살이 어떱뎁까?

이 애 이 애 그 말 마오, 시집살이 개 집 살이…"

고된 삶이 잘 담겨있습니다.

시어머님께서는 '초지일관' 평생을 통해서 며느리를 아껴주고 사랑해 주었습니다. 저에게는 감동의 삶을 살게 해주신 어르신이셨습니다.

남편에게는 일곱 분의 누님이 있었습니다.

그런데 하나같이 착한 시누이는 단, 한 명도 없었답니다.

시누이-올케의 관계는 말 그대로 견원지간犬猿之間이었습니다. 일상생활에서 사사건건 간섭하고, 작은 일에도 트집을 잡고 나쁜 소문도 퍼뜨려 곤경에 빠트리곤 하였습니다.

그런 시누이로부터 선한 천사가 되어 방패가 되어주신 분이 바로 시어머님이었답니다. 옛말에 '며느리는 시아버지 사랑'이라 했는데, 저희 어머님은 돌아가신 아버님의 사랑까지 대신하셨습니다. 그런 존경하는 시어머님이 계셨기에 오늘, 이 나이 70세까지 행복한 삶을 영위할 수 있었습니다.

돌이켜보면, 참 지혜로우시고 온정 넘치는 시어머님이셨지요.

사실 남편과 결혼할 때도 시누이들의 반대로 일반 결혼식을 못 올렸답니다.

그리고 평생 시누이들과 전쟁하다시피 살아왔습니다. 세상에 이런 가족들도 다 있나 할 정도로 핍박받아서 한때는 첫아이를 낳고서 도피하고 싶은 충동마저 느꼈답니다. 그럴 때마다 남편이 친구가 되고 위로의 천사가 되어 주었습니다.

남편은 당시 군 간부로 임관하였기에 장기 복무를 할 줄 알았는데, 의무 기간을 마치고 제대하였습니다. 그런 관계로 시누이들과 이웃해서 살 수밖에 없는 운명이었습니다. '서울 살이 고달프다' 는 말이 실감이 났습니다.

그런 어려움을 극복하도록 도와주셨던 분이 저의 시어머님이셨습니다.

어느 날 시누이분들이 저에게 이불 빨래를 맡긴 적이 있었는데, 어머님께서 새벽 6시에 일어나셔서 며느리 고운 손 다칠세라 당신께서 빨래를 다 해놓으셨습니다. 아니나 다를까, 시누들이 확인 차, 아침 일찍 집에 나타났습니다. 이것을 본 어머님이 지혜를 발휘하시어 시누이들을 보며 하신 말씀이 아직도 잊혀 지지 않습니다.

"보거라, 며느리가 빨래를 다 해놓고 손이 시려 이불 속에 손을 녹이고 있구나!"

한순간에 시누이들의 얼굴을 붉히게 하였습니다.

7녀 1남 막내 아들의 며느리라서 애지중지 아껴주었습니다. 용돈도 모두 모아두었다가 주시고, 당신께서 칠순 잔치 선물 받은 귀한 반지도 시누이들 몰래 주었습니다.

한편, 시누이들의 반대로 결혼식을 못 올린 것을 안타까워하시면서, 서울 중심가 예식장에서 이웃 친지들을 모시고 성대하게 예식을 올려주었습니다. 제주도에 신혼여행을, 이후에 동남아 특별 여행도 보내주었습니다. 돌아가시고 나니, 주옥처럼 감사한 일들이 주마등처럼 지나갑니다.

어머님! 당신의 자애로움을 어찌 한순간이라도 잊을 수가 있겠습니까?…

많은 세월이 지나갔어도 그리워지고 보고 싶습니다.

어머님께서 하늘에 오르신 지 20년이 흘렀어도 어머님께서는 늘 친구처럼 여전히 제 곁을 지키고 계십니다…

되돌아보니, 늦둥이로 태어난 막둥이 아들에 대한 사랑이 막내며느리로 이어졌나 봅니다. 언제 뵈어도, 평화스러운 얼굴로, 온화한 미소로 대해 주셨던 당신의 따뜻함이, 이 순간 온몸에 전해집니다.

말 한마디에도 위로의 마음을 담아주셨던 어머님! 하늘나라에서도 우리 가족을 응원해 주세요. 돌보아 주신 하늘같은 은혜에 감사드립니다.

깊어지는 늦가을에 어머님의 생각이 더욱 간절하여 단풍잎에 그리움을 새겨 하늘나라에 띄워 보내 드립니다.

어머님, 사랑합니다. 사랑합니다.

유산 遺産

"군림하되 통치하지 않는다." 입헌 군주 국가 영국입니다.

하지만, 여전히 국왕으로서의 권력은 남아있습니다.

그러나 국민은 말합니다.

"There is no king." 나에게는 왕이 없습니다.

"I, m not a king' s servant." 나는 왕의 신하가 아닙니다.

영국의 군주 엘리자베스 여왕의 서거를 맞이하여 엄청난 장례비의 보도를 들으면서 많은 국민이 항의하였습니다.

세계 언론은 이런 국민의 목소리와 여왕의 서거 소식을 함께 보도했습니다.

한편, 각국의 대통령은 비싼 비용 들여서 현지에 조문하러 갑니다.

'해가 영원히 저물지 않는 나라' 의 향수를 함께 느끼려는 것일까요? 과거 식민국가의 아픔과 노예의 고통을 생각이나 하고 가는 것일까요?

외교적 관례만 표시하면 될 일입니다. 요란법석을 떨 일이 아니지요.

역사를 뒤돌아보며 한번 생각해 보아요.

수도 없이 많은 약소국 국민의 생명을 박탈하고 인권을 탄압했지요?

재물과 문화재도 약탈했지요. 세계 보물과 각국 문화재가 영국 대영 박물관에 가득 차 있다는 것은 세계인이 다 아는 사실입니다. 우리나라 삼국시대의 유물도 전시되어 있습니다. 얼마나 많은 문화재를 약탈했는지 도덕적으로 미안한 마음에서 당시 국회의 의결로 박물관 입장료를 받지 않기로 했다는 후문後聞도 전해집니다. 물론 세계인에게 국가의 위용을 과시하고 홍보하기 위한 목적도 있었을 것입니다. 사실 영국은 피해국을 향해서 천 번, 만 번이고, 무릎 꿇고 사죄해도 용서받지 못하지요.

그렇다면 당연히 국가의 차원에서 이번 여왕의 장례식은 검소하게 치렀어야 마땅합니다.

그것이 역사의 과오를 뉘우치고 식민지 국민에 대한 최소한의 예의였을 것입니다.

그런데도 거대한 장례식이 진행되는 것을 보니, 왕실의 재산이 엄청난 모양입니다. 보도에 따르면, 비밀이라서 알 수는 없지만, 대략 39조 원 정도로 추측되고 있다고 전해집니다.

이런 천문학적인 '왕실 재산'을 과세 대상에서 제외하자 한때, 국민의 거센 반발이 일며 왕실 무용론까지 대두되었다고 합니다. 그러자 자발적으로 납세하겠다는 왕실의 발표도 있었다고 하니 참 아이러니한 일입니다.

보도에 따르면, 수십 일에 걸쳐서 들어가는 이번 국가 장례비용이 무려 9조 원 정도로 예측된다고 하니, 천문학적인 숫자지요.

이만한 재정 지출이면 영국 국민 3명 중 한 명, 약 1천만 명이 빈곤층으로 전락한다고 합니다. 한 국가의 미래가 암울해지는 것입니다.

아마도 70년 넘게 통치하다가 영면한 여왕도 지하에서 원치 않았을 것입니다.

아쉬운 점은 생전의 모범적인 장례 유언을 남기지 못한 것입니다. 더 훌륭한 인물로 역사적 평가를 받았을 텐데… 하는 아쉬움이 남습니다.

반면, 이웃하고 있는 프랑스의 드골 대통령은 장례식에서 국고 비용을 아껴서 사회 어려운 곳에 사용하라는 유언을 남겼다고 합니다. 참석인원도 전쟁에 같이했던 전우戰友만 초청하고 관련 정치인은 모두 제외하라고 했다고 합니다.

연금까지 어려운 이웃을 위해 쓰라고 환원했다니 가히, 일국의 대통령으로서 국민들에게 칭찬받을 행동을 했습니다. 모든 것을 박물관에 기증하여 가족의 생활이 어려웠다는 안타까운 얘기도 전해옵니다.

퇴직 후에도 호화스러운 생활을 유지하고 있는 지금의 권력자들이 되돌아 볼 일입니다.

한편, 최근 영연방 56개국 국가 중에서도 왕실 통치를 벗어나려는 움직임이 활발하게 이루어지고 있다고 합니다.

1949년의 '런던선언'이 그 시작입니다. 동등한 권리 요구와 식민국가 탈퇴를 선언하고 있는 것이지요.

혹자들은 연방의 개념을 경제협력의 의미로 해석하기도 합니다만, 여전히 이념은 식민국가입니다.

이제 여왕의 서거로 군주의 개념은 약화할 것이고, 연방의 모습도 점차 희미해져 갈 것입니다. 호주를 비롯한 12

개국 국가가 찰스 3세 대관식에 즈음하여 정식으로 과거 식민 피해 사과에 대한 공문 발송을 요청했다고 합니다.

적어도 동물의 세계에서는 갑, 을 지배관계가 있을 수 있지만, 인간 사회에서는 있어서는 안 될 영원히 사라져야 할 해악害惡입니다.

'좋아하는 것과, 숭배의 개념' 은 다른 것입니다.

21세기에 접어들면서 세계 시민들의 인식이 획기적으로 달라지고 있는 것은 선진문명을 향한 긍정적인 신호라고 여겨집니다.

아울러 이번 장례식이 전 세계에 매체를 통해 전해지면서 사람들은 후계자 찰스 3세를 보며 놀라워합니다. 일상생활에서 주변 사람에게 보여준 그의 태도 때문입니다. 그의 행동은 마치 과거 전제군주를 연상게 합니다.

분별없는 행동은 세계인에게 많은 의문을 던지게 했습니다.

아마도 저 높은 곳에 하나님이 계신다면, 웃으시며, 이렇게 말씀하시겠지요.

"허허허 철없는 자들이로다. 누가 갑이고 누가 을이란 말이냐? 너희들은 내가 창조한 평등한 사람들이니라" 하시지 않았을까요?

최근 영국을 비롯한 각국에서도 군주 무용론이 확산하고 혈세 낭비라는 국민의 목소리가 점차 높아지고 있는 현실입니다.

그럼에도 영국같은 경우는 여왕의 임기응변과 뛰어난 처세술로 군주제를 지금까지 잘 지탱해왔다고 봅니다.

하지만, 그의 아들 찰스 3세는 또 다른 국왕이 될 것으로 생각합니다.

 이번 대관식에 무려 1,685억 원을 투입하기로 하자, 일부 시민이 건물에 테러를 자행해 세계인을 깜짝 놀라게 했습니다.

 비운의 왕비 '다이애나'가 생전生前에 남긴 말에 특별한 의미를 부여해 봅니다. "그는 덕이 부족하여 왕실의 어른이 되기에는 문제가 많은 인물입니다."

 이번, 영국 여왕의 서거를 계기로 영국을 비롯한 지구상에 남아있는 군주 국가에도 새로운 변화의 물결이 출렁이기를 기대합니다.

 "영원히 해가 지지 않는 나라는 없습니다."

막내딸과 함께한 고희古稀 여행

오늘은 아무래도 제주도 홍보대사가 될 수밖에 없을 것 같습니다.

환갑이 지난 지 어제 같은데 벌써 칠십입니다. 참 세월이 '쏜살' 같아요.

얼마 전, 팔순을 앞둔 막내 고모께서 저에게 한 말씀이 생각납니다.

"올케 70세가 되어 보세요, 몸놀림, 정신이 예전 같지 않고 아득할 것입니다!" 막상 그 나이가 되어보니, 신체적으로 온갖 부 조화로운 증상들이 여기저기서 아우성칩니다.

세 딸과 사위들이 앞서거니, 뒤서거니 하면서 부부 칠순을 '성찬盛饌'으로 축하해 주었습니다. 평범한 식사를 하다가 오늘따라 '수라상'을 대접받고 보니 위가 살짝 놀라기도 했지요.

충분하다고 여겼는데, 막내딸이 또 즐거운 제주도 여행 계획을 예고도 없이 세웠습니다. 고맙고 미안한 마음이 들었습니다.

여행이란 그런가 봅니다.

출발일이 다가오니, 미지의 시간에 대하여 설렘이 가득합니다. 가방도 준비하고 상쾌한 기분으로 공항으로 출발했습니다.

공항에서 기념사진도 남기고, 무검색 인식기 기계 앞에

서서 분주하게 손을 놀렸습니다. 하지만 소프트웨어에 익숙하지 않은 탓에 10여 분이 넘어서도 성공을 못 했습니다. 순간 고개를 돌려보니 뒤에 줄이 길게 서 있어서 깜짝 놀랐습니다.

탑승객들에게 미안한 마음이 들어 아쉽지만, 다음에 재도전하기로 하고 그 자리를 용감하게 물러났습니다.

효도 여행은 2박 3일 일정이었습니다. 첫날은 점심으로 제주 전통 요리 살찐 흑돼지고기를 먹었습니다. 먹고 나서, 비용을 지급할 때 넌지시 어깨너머로 살펴보고 비싼 가격에 깜짝 놀랐습니다. 대신 직원들의 서비스가 훌륭해서 그것으로 보상받았습니다. 부모님 즐겁게 해 주려고 고가高價의 음식을 선택한 것을 생각하니, 미안한 마음이 들었습니다.

그리고 오후에는 전통시장 이곳저곳을 구경하고, 저녁으로 제주 명물 '갈치요리 정식' 까지 먹고 나니 배가 불룩하였습니다. 즐거운 분위기에 빠져들어 과식하고 말았습니다.

우리는 그렇게 '망중한忙中閑' 한시름 세상 걱정을 다 날려버렸습니다.

저녁 늦게 돌아와서, 침실 창문을 열어보니 저 건너 넘실거리는 푸른 파도가 우리를 반기며 활짝 웃고 있습니다. 향긋한 바다냄새를 맡으며 깔끔한 방에 누우니 저절로 눈이 감겼습니다.

익일翌日에는 화사한 수국 축제장에서 형형색색의 꽃을 구경하며 인증사진도 찍고 행복한 시간을 보냈지요.

막내딸이 특히 수국꽃을 좋아해서 오랜 시간 머물면서

이 꽃 저 꽃 사이로 달아나며 숨바꼭질하는 사이 우리는 한순간 예쁜 호랑나비 가족이 되었습니다.

오후에는 예약한 맛집을 찾아 옥돔구이 갈치 식사를 했습니다. 마침, 식사가 끝나갈 무렵 우리와 처지가 비슷한 모녀 가족이 들어왔습니다. 연로한 어머님과 딸이었습니다. 물어보니 효도 여행이었습니다.

뿌듯한 마음에 도란도란 얘기를 나누었지요.

이어서 유명한 '절물 자연 휴양림'에서 삼림욕을 하고 키다리 고목 밑 평상에 앉아서 막내딸의 손 모양을 보고 젊은이의 멋진 하트 모양을 만들어 사진을 찍었는데 마치 한 쌍의 노년 배우가 탄생한 것 같았습니다.

유네스코 지정 제주 '오름'에 올라서니, 시원한 파도가 우리를 향해 손짓합니다. 정상에서 바다를 바라보며 목청껏 가족의 행복을, 세계의 평화를 기원하며 '만세'도 함께 외쳤습니다.

사슴농장, 각종 해수욕장도 이곳저곳 둘러보고 뜨거운 검은 모래밭에서 발을 푹 담그니 하루의 피로가 말끔하게 달아나 버립니다.

마지막 날에는, 용암으로 형성된 신기한 '쇠소깍' 하천도 보고 예약해 놓은 유명 커피 빵집까지 좋은 곳 놓칠세라 여기저기 분주하게 다녔습니다. 아쉽게도 요즘 젊은이들 사이에 인기가 있다는 빵집은 이미 완판이 되어서 발길을 돌려야 했습니다. 부모들이야 괜찮지만, 딸아이의 아쉬움에 조금 서운했습니다.

얼마나 바쁘게 다녔는지 그만 자녀가 휴대전화를 분실하고 말았습니다.

아무리 생각하고 찾아도 발견할 수가 없습니다.

다행히 마지막 기억을 되살려 보았더니, 그 장소가 빵집 외진 소파였습니다. 적중했습니다. 야호! 환호歡呼하며 다음 목적지로 향했습니다.

옥색 바다 물결 출렁이는 '우도' 섬을 향했습니다.

배를 탔습니다.

선상에 태극기가 바람에 펄럭입니다. 이상하게도 바다에서 접하는 태극기는 남다른 감동을 줍니다. 자신도 모르게 애국심이 생깁니다. 외국 여행에서 아리랑 연주를 듣거나 태극기를 보아도 울컥하는 감정과 똑같습니다…

선착장에 도착해서 먼저 유명한 아이스크림 가게에 들러 땅콩이 곁들여진 '땅콩 아이스크림' 맛을 보았습니다. 바닷가 향이 곁들여져서인지 달콤하게 느껴졌습니다.

유명한 배우들이 거쳐 갔다는 인증사진도 걸려 있어 이색적이었습니다.

그리고 공항으로 가는 길목에서, 제주 고사리 해장국도 1시간 넘게 긴 줄을 서서 먹었습니다. 발걸음마다 칠순 추억을 남기려고 애를 썼습니다.

특별히 렌터카를 남편이 직접 운전해서 조금은 여유가 있었답니다. 가다가 구경하고 쉬고, 시원한 음료수 한잔하면서 곰처럼 움직였습니다.

이번 여행에서는 우리처럼 자녀가 부모님을 모시고 구경 다니는 광경을 쉽게 볼 수 있어서 좋았고, 여행지가 국내 제주라는 점에서 특별한 의미가 있었습니다.

코로나 때문이기도 했겠지만, 무엇보다 비용이 국외로 새어 나가지 않아서 다행스럽다는 생각이 들었습니다.

사실 외국 여행을 조금 해 보았지만, 우리나라처럼 아기자기하고 아름다운 자연을 가진 나라는 없습니다.

어디서도 소통이 자유로운 내 나라 내 국민이 최고입니다

이번 제주 여행은 서귀포시를 중심으로 외곽 해변 한 바퀴를 돌았습니다.

2박 3일의 기간이었지만 마음이 행복해서인지, 두세 달 꿈같이 긴 시간처럼 느껴졌습니다.

몇 달이 지난 지금도 눈을 감으면 출렁이는 감청색 바다 파도 소리가 들려옵니다.

예쁜 그림이 그려집니다.

그럴 때면 '엔도르핀'이 쑥쑥 샘물처럼 솟아납니다.

더더욱 사랑하는 자녀와 함께한 여행이라서 그런 것이겠지요…

다른 많은 가족도, 잔치, 기념일에는 제주 여행 계획을 세웠으면 좋겠다는 생각을 해봅니다. 최근 내 친구 부부도 한 달간 머물렀고 지인들도 부모님 칠순, 팔순 여행지로 선택한다고 들었습니다.

제주는 세계적으로 아름다운 섬입니다.

제2 공항이 들어선다고 하니, 더욱 기대가 큽니다. 물론 오염을 줄이고 자연을 소중히 아끼는 마음이 선행되어야 하겠지요.

초여름으로 달려가는 6월, 즐겁고 행복한 '일흔 살' 막내딸과 함께한 칠순 부부 여행이었습니다.

자녀에 대한 보답으로 더욱 건강 증진에 힘써야겠다는 다짐을 해 보면서 이번 여행을 마무리합니다.

문득, 어느 가수의 노래가 자꾸 귓가를 맴돕니다.
"저녁달도 그리워라.
저녁별도 그리워라.
서귀포 칠십 리에 황혼이 온다.
내 고향 제주 서귀포는…"

ME

"'에미 교육' 들어보세요! 일단 와 보세요. 모든 것이 공짜라니까요."

공짜라는 말에 '혹' 했답니다.

시골 오일장 장터에서 '각설이' 약 장사가 '타령'을 부르며 손님 끄는 모습이 재밌게 겹쳤습니다.

부부가 내용도 잘 모르면서 일단 신청하게 되었지요.

처음에는 영어 약자라는 것도 모르고 우리 말 식으로 발음해서 에미, 어미, 어머님이 연상되면서, 어렴풋이 성모마리아님 교육이 아닐까? 하고 추측은 했습니다.

입소 예비교육을 받을 때 비로소 용어에 대한 설명을 듣고 우리 부부는 한바탕 호쾌하게 웃었습니다.

Marrage Encounter였습니다.

교육을 끝마치고 돌이켜보니, 이것은 하나님이 우리 부부에게 주신 특별한 축복의 선물이었구나 하는 생각이 들었습니다. 왜냐면요? 교육이 끝나자마자 코로나 질병으로 3년여 시간 동안 프로그램이 중단되었거든요. 분명 은혜입니다…

일단, ME 교육을 들여다볼까요?

Marrage Encounter… 혼인의 재발견이란 해석이 어울릴 듯합니다.

1950년대 외국에서부터 시작되었고 지금은 전 세계적으로 확산하여 원만한 부부생활과 신앙생활에 큰 도움을 주고 있다고 합니다. 부부 일치란 목표가 있어 더욱 진한 향기를 내뿜습니다.

이 프로그램은 보통 많은 분의 편의를 위해서 금요일 밤에 시작하여 일요일 오후까지 2박 3일 일정으로 진행됩니다.

대상은 청·장년·노년을 가리지 않습니다. 그리고 신앙의 유, 무를 구별하지 않습니다. 단 한 쌍의 커플이어야 합니다. 진행 과정을 살펴보면, 사회자 몇 분천주교의 경우- 신부님과 진행자이 서로 보완적 역할을 하면서 각종 생활 사례를 발표합니다.

주로 원고 내용들은 진행자 본인들이 체험한 과거 부부생활에서 겪었던 희로애락喜怒哀樂 이야기라서 현장감이 있습니다. 특히, 부부간의 갈등과 고통을 겪었던 사례들이 발표될 때는 자신들의 일처럼 느껴져 눈가에 눈물방울을 글썽이게 합니다.

사실 이 교육을 받기로 결정한 것은 본인 남편입니다. 평상시, 아내에 대한 고마움을 신앙교육으로 위로하기 위함이었습니다.

그런 아내가 교육 프로그램 중 살아온 경험담을 발표하는 시간에 발표자로 나섰다고 해서 신기하기도 했습니다.

허! 참, 사전에 한 마디 상의도 없었거든요…

마침, 이 시간은 제가 지난밤에 숙면하지 못했기에 숙소에서 결강하고 쉬고 있는 시간이었습니다.

공교롭게도 그 시간에 발표가 이루어졌다고 합니다.

발표 내용을 옆방의 친한 동료 형제, 자매님으로부터 듣고서 박장대소하였습니다.

제가 결강을 한 것이 아내의 발표에 큰 도움이 된 것 같습니다.

누구나 경험하지만, 대중 앞에서 주제 없이 직설적으로 발표한다는 것은 참 어려운 일입니다. 그 담대함에 아낌없는 박수를 보냅니다.

사실 저의 아내는 외적으로 겁이 많은듯하면서도 내적으로 남다르게 용감합니다. '여장부'란 칭호를 붙여도 절대 부족함이 없습니다.

학창 시절 투포환, 육상선수를 했다는 얘기를 들은 적이 있고, 동네 개구쟁이 시절에는 남자 친구들과 벽돌 깨기도 했다나요?

씩씩한 여성으로 인증합니다.

원고 없이 7~8분가량의 자유 발표 내용이었다고 합니다.

"저의 남편은 순돌이順石입니다. 너무도 착한 이름이지요. 30여 년을 교육에 몸담았습니다. 칠십 평생을 살아오면서도, 다툼 한번 해본 적 없이 평화롭게 살아왔습니다.

그리고 세월이 흐를수록 배우자를 배려하고 사랑의 마음이 기하급수적으로 늘어만 갑니다. 지금도 진행 중이랍니다.

말 한마디에도, 따뜻함과 진실이 담겨 있습니다. 언제나 존중의 마음으로 대화에서도 경어敬語로서 배우자를 대합니다.

평상시, 전화 통화를 해도, 메시지를 보내도 '사랑해요' 하트를 연발해서 늘 기분을 부드럽게 바꾸어 준답니다. 몸이 아프거나 고단할 때면 전문 마사지 안마사로 변신하여 피로를 풀어줍니다.

놀라지 마세요. 안마 시간이 장장 한 시간 정도랍니다.

끝날 즈음 살며시 쳐다보면, 이마에 땀방울이 송골송골 맺혀 있습니다.

아내가 겸연쩍어할까 봐, 얼굴을 돌려 아무 일 없었다는 듯 멋쩍은 표정을 짓기도 하지요.

이렇듯 여러 면에서 아내를 애지중지 아끼는 분이기에 외람되지만, 오늘 여러분 앞에 '남편의 사랑' 이야기를 자신 있게 전해 드립니다.

'여러 형제님께서도 저의 남편 순돌 씨가 되어주시면 어떨까요?'"

이런 내용이었다고 하니, 오히려 제가 더 큰 위로를 받았습니다. 잔잔한 감동의 물결이 밀려옵니다.

한편, 아내는 봉사 생활이 일상화되어 있어 늘 남편을 감탄하게 만듭니다.

재활용할 수 있는 물건들 옷 깡통, 비닐 등등은 모두 모아 두었다가 어렵게 사시는 노인 분들께 전해드립니다.

제가 강원도에서 잠시 내려와 거주하고 있는데도, 재활용 물건들을 분류해서 먼 곳까지 가져갑니다. 천사의 마음을 가졌습니다.

그래서일까요?

이름도 옥 같은 여인 옥녀玉女랍니다. 천상의 옥녀입니다.

이제 부부가 칠순을 맞이했습니다.

생을 다하는 날까지 서로를 아끼고 사랑하며 타인을 위하여 '영혼을 깨치는 삶'을 살도록 더한층 노력하겠습니다.

"너희가 가난한 이에게 해 준 것이, 곧 나에게 해준 것이다. 내 팔과 다리가 되어 주거라"

이 귀한 말씀 가슴속 깊이 새기겠습니다.

사랑하는 아내에게 한 편의 시를 바칩니다.

'로사리오의 손'

아내의 고운 손을 따라
줄줄이 나오는 보물들!
가득 쌓여있는 재활용 꾸러미

한 아름 안고 떠난 발걸음
전통시장 횡한 저곳 언저리
백발의 할머님!

환한 웃음 지으시며
어서 오라, 손짓하시네.

그대는 그윽한 마음으로
향기를 품어내는
한 떨기 나의 붉은 장미라오!

독후감…과학과 신앙 사이

　지구를 밟고 살아가는 현대인들은 바쁜 일상에서 우주와 자신의 태생 신비를 잃고 살아가는 것 같습니다.
　그런 관점에서 이 책은 과학과 신앙을 동시에 탐색해 볼 수 있는 좋은 길잡이라고 생각됩니다. 과학과 신앙을 대립이 아닌 조화의 시선으로 바라보고 있습니다.
　과학은 신앙의 탐구 대상이고 신앙 역시 과학의 탐구 대상입니다.
　한편, 현시대에 있어서 과학만능주의는 경계해야 합니다. 과학자들조차 받아들일 수 없는 부분이 있기 때문입니다.
　제곱의 반비례 법칙을 들여다볼까요.
　왜 중력 법칙에 반드시 '제곱'이 들어가야 하는 걸까요? '2'라는 숫자는 대단히 중요합니다. 2.0001 혹은 1.9999승에 반비례하게 서로 잡아당긴다면? 2.0001의 경우 태양계를 비롯한 우주의 모든 은하계가 멀리 흩어지거나 와해하고 말 것입니다.
　반면, 1.9999승의 경우 별들과 행성들이 서로 부딪치면서 다 붕괴하고 맙니다.
　우주 중력이 어떤 이유로 정확히 2승인지는 아무도 그 이유를 설명하지 못합니다. 단지 경험적이라는 이유가 전부입니다.
　'정전 전기학'의 쿨론(coulomb's law, 1736~1806)의

법칙도 제곱 '2승이 나옵니다. '전하'들 간에 작용하는 힘도 반드시 '제곱'에 반비례합니다. 이 범위를 벗어나면 인간을 구성하는 모든 원자, 분자들은 공중으로 흩어져 버리거나 붕괴하여 버립니다. 정확히 전자들이 거리의 '제곱'에 반비례하게 서로 잡아당겨야 합니다. 역시 '경험적으로 관찰하니, 2승이다' 입니다.

제곱 2승이라는 말은 '공간이 3차원' 입니다. "우리가 살아가는 이 세상 공간의 차원은 정확히 '3'이다"라는 말과 같습니다. 왜 3차원일까요? 과학자들조차 명확한 대답은 못합니다.

이처럼 과학은 근본적으로 한계를 가지고 있습니다.

한편, 과학자들의 연구에 의하면 태양과 지구는 머지않아 수명이 다할 것으로 예측합니다.

우주 '유한론'을 연구했던 학자 중, 러시아 알렉산드르 프리드만(Alexander Friedmann, 1888~1925)은 수학적으로 답을 한 적이 있습니다. '우주는 두 가지 방법으로 종말을 맞게 된다.'

첫 번째 열린 우주론에서는 우주가 끝없이 팽창하는 동안에 우주 전체 온도가 내려가 '절대 영도'에 다다르게 되어 우주가 얼어버리는 것입니다.

두 번째 시나리오는 우주가 팽창을 어느 정도 하다가 어느 시점부터 수축해 한 점으로 뭉쳐 끝을 맺는다는 것입니다. 이를 빅 크런치big crunch라고 부릅니다.

이 단계에서는 우주의 밀도가 대단히 높고 뜨거운 한 점으로 수축하여 우주 전체가 불에 타서 죽게 된다는 것입니다. 결국 우주는 먼 미래에 어느 한 가지 상태에 도달

한다는 것입니다…

한편, 프란치스코 교황은 이런 말을 남겼습니다.

"빅뱅 이론은 창조주 하느님의 개입과 모순되는 것이 아니고, 빅뱅 후 각각의 내적 법칙들이 절대자의 섭리에 의하여 원리대로 진행된다."

초자연적 세계를 받아들이고 있습니다.

한 사례를 들여다볼까요?

'마더 테레사' 성인은, 1997년 5월에 세상을 떠났습니다. 그 후 최소 두 개의 기적이 있었다고 합니다. 2002년과 2008년 사경을 헤매던 두 중병환자 중 한 명은 성인의 몸에서 나온 빛을 통해서 암을 낫게 하였고 다른 한 명은 수개월 동안 마더 테레사의 전구를 통한 기도를 통해 병이 완치되었다고 합니다.

위와 같은 현상으로 볼 때, 과학자들은 창조주 앞에서 겸손해야 합니다. 또한 신앙인 역시 맹목적인 신앙에서 벗어나 과학의 영역을 존중할 줄 아는 태도가 필요하다고 하겠습니다. 신앙과 과학은 마치, 수레의 두 바퀴와 같아 보입니다.

끝으로 저자의 내면을 살펴봅니다. 저자는 전도양양한 물리학자였습니다. 그러나 어느 날 우수한 동료의 이유 없는 갑작스러운 죽음으로, 삶의 공허함을 느끼고 많은 고뇌의 시간을 가지게 됩니다. 그리고 번민 끝에 다시 새로운 세상의 길을 발견하게 됩니다. 성직자의 길입니다.

역사의 상처

'나리~ 나리~ 개나리 입에 따다 물고요, 개나리 떼 종종종~ 봄나들이 갑니다.'

그렇게 이 할머니는 돌아가시기 전까지도 동요를 즐겨 불렀습니다.

우리 가족이 귀촌한 곳은 하늘과 맞닿아 있는 동네 '하늘 내린 인제'라고 불리는 강원도 지역입니다.

이웃에 살고 있는 소녀같이 얼굴이 뽀송뽀송한 할머님을 만나게 된 것은 10여 년 전 일이지요.

처음 뵈었을 때, 할머님 나이가 팔순이었는데 연세에 비해 피부가 참 고와서 조금 놀라기도 했답니다.

할아버지는 우리 가족이 오기 전 6, 7년 전에 돌아가셨고, 슬하에 아드님 세 분과 따님 한 분이 있었는데 큰 아드님은 연락이 아주 끊기었고 둘째 아드님과 따님은 그리 멀지 않은 곳에 살았지만, 형편이 어려워 자주 할머님을 찾아뵙지 못하는 것 같았습니다.

그래서 미혼未婚인 넷째 막둥이 아들과 함께 생활했습니다.

그동안에 농사일을 쭉 해 오시다가, 연로하셔서 아들에게 넘기시고, 소일거리로 취미 삼아 마당 앞 예쁜 화초들을 가꾸시는 것이 유일한 하루 낙이었습니다.

그리고 궂은날은 방에 계시고 맑은 날은 온종일 문 앞 낡은 소파에 앉아 외설악外雪嶽 경치를 보시며 소녀 같은 목소리로 흘러간 옛 노래를 곧잘 불렀습니다.

어느 날 할머님께 놀러 갔다가 들려주신 역사 이야기에 깜짝 놀랐습니다.

알고 보니, 일제강점기 때 위안부 할머님이었습니다.

강점기 때, 일제가 강제로 소녀들을 소집해서 위안부 대열에 합류시켰다고 합니다. 그때 많은 소녀가 소집되고 외국으로 나가는 배를 타기도 했는데 할머님은 나가기 전 우연히 고운 목소리가 발견되어 군국주의를 찬양하는 팀으로 국내에 남게 되었다고 합니다.

그래서인지 지금도 일본 국가기미가요와 대중 노래까지도 또렷하게 기억하고 있었습니다.

할머님께서는 다행히 목소리 때문에 더 큰 피해는 입지 않았다고 했지만, 여전히 얼굴에는 슬픈 그늘이 드리워져 있었습니다.

그 당시에는 모든 국민이 일본 언어 교육을 강제적으로 받았다고 합니다. 학교에서도 한국말을 사용하면 선생님으로부터 주의를 받았다고 합니다.

우리 가족 중에서도 일제 강점기를 지내신 고모님이 계셨는데 비슷한 고초를 겪었다는 얘기를 들었습니다. 일본식 성명 강요로 '하야시'라는 이름까지 사용했다고 합니다.

일제가 우리 언어와 문화 말살을 위해서 얼마나 혹독하게 통제했는지 짐작이 되는 부분입니다.

할머님의 여러 말씀을 들으면서 갑자기 가슴이 먹먹해졌습니다.

이곳은 설악산 아랫마을이라서 우체부 아저씨를 제외하

고는 거의 찾아오는 외부 손님이 없는 외진 곳입니다.

　할머니와 대화해 줄 친구도 사람도 없습니다.

　우리 가족뿐입니다. 그래서 시간 여유가 있을 때 드문드문 맛있는 음식도 해 드리고 아픈 역사의 상처도 치유해 드렸습니다. 자주 내려가서 다정한 말동무가 되어주었습니다.

　그러던 어느 날부터 점차 할머님의 모습을 뵙기 어렵게 되었습니다. 내려가 보니, 노환으로 걸음을 걸을 수 없어 집에 누워계셨습니다.

　음식도 못 드시고 하루 한 끼 소식小食하고 계셨습니다.

　막내아들이 사다 준 두유 하나가 전부였습니다.

　날이 갈수록 얼굴이 야위고 너무 안쓰러워 가끔 우리 가족은 보양식전복죽을 부드럽게 만들어서 직접 떠 먹여 드리면서 옛날얘기도 하고 즐겨 부르던 '개나리' 노래도 함께 불렀습니다.

　어르신께서는 한 해 정도 그렇게 힘겨운 생활을 했습니다.

　할머님께서는 마지막 소원이 한 가지 있다고 했습니다.

　마지막으로 막내아들의 착한 며느리를 보는 것이 소원이라 했습니다. 그런데 안타깝게도 40살이 넘은 노총각을 맞이할 새색시는 눈을 비비고 봐도 주변에는 없었습니다.

　결국 마지막 소망을 이루지 못하시고 하늘나라로 오르셨습니다.

　당신께서 살아계셨을 때, 우리 가족과 함께 마을 주변 여기저기 구경하고, 인근에 있는 백담사 사찰 대웅전에 가서 부처님께 기도드렸던 추억들이 눈앞에 선합니다.

햇볕 쏟아지는 맑은 날이면, 할머님 집 앞마당 소파에 앉아서 재밌는 동화도 들려드렸답니다.

'선녀와 나무꾼' 이야기할 때면 어린아이처럼 해맑은 웃음을 지었습니다.

우리는 다정한 할머님의 친구이자, 한 가족이었습니다.

할머님께서는 특별히 막내아들을 극진히 사랑했습니다.

석양이 뉘엿뉘엿 넘어갈 때, 농사일을 마치고 돌아오는 아들을 집 앞 마루에서 매일 기다리곤 하였습니다.

마지막 돌아가시기 5일 전 이었을까요? 가져간 야채 죽을 조금 드시고 개나리 동요를 불렀습니다. 우리도 힘내시라고 함께 불렀습니다.

아주 또렷하게 부르셔서, 내심 기력에 깜짝 놀랐습니다.

"나리~ 나리~ 개나리 입에 따다 물고요~ 병아리 떼 종종종 봄나들이 갑니다."

가사 한곳 안 틀리고 부르셨습니다.

강인한 정신력입니다. 아마도 굴곡 많은 세월을 살아오시면서 이 동요가 유일하게 큰 위안이 됐나 봅니다.

언제 부르셔도 어색하지 않고 정답게 들렸습니다.

이것이 우리가 본 할머님의 마지막 아름다운 모습입니다.

이곳 농촌에 위안부의 아픔을 간직하신 할머님을 만날 줄은 꿈에도 생각 못 했습니다.

적막한 아침 막내아들의 목소리가 공기를 가르며 들려왔습니다.

할머님의 부고訃告 소식입니다. "어머님이 돌아가셨습니다. 어머님이 돌아가셨습니다." 삼라만상森羅萬象에 고告하고 있었습니다. 그렇게 할머님께서는 무지개구름 타고 고이고이 하늘에 오르셨습니다.

역사 속에서 영욕榮辱의 세월을 온몸으로 안고 거센 인생의 파도를 헤쳐 오신 할머님!

어르신 애환哀歡의 삶은, 역사의 한 페이지로 오래도록 우리 가슴속에 기억될 것입니다.

그날!

"생각보다 초라하네요?"

아니, "재벌들의 집보다 훨씬 못하잖아요."

관람을 온 단체 모임에서 소곤거리는 소리가 바람결에 실려 옵니다.

그동안 오래 기다리다가 드디어 현장에 다녀왔습니다. 개방 이후 청와대 내부 시설이 꽤 궁금하기도 했습니다. 초기에는 사람이 구름떼처럼 몰려서 갈 수 없었고 1년여 시간이 지나고 나서, 서울 병원 진료가 있던 날 맞추어 가 보았습니다. 청와대 돌담길을 걸으니, 감회가 새로웠습니다. 경비가 삼엄했던 시절이 회상되었습니다. 기와 담장 벽을 따라서 20여 분 걸은 후 안내소에 도착했습니다. 나중에 안 사실이지만 중간마다 무료 순환버스가 운행되고 있었습니다. 다행스럽게도 65세 어르신은 요일 관계없이 자유 입장이 되었습니다. 곁에 있는 사람 중 지방에서 온 사람들도 있었는데, 예약하지 않아 입장이 안 되었습니다. "웬만하면 들여보내 주세요. 순수한 국민 방문에 목적이 있잖아요." 부탁했는데 규정이라며 거절을 해 버립니다. 융통성 없는 젊은이를 보며 속상해서 속으로 '에이!' 하고 돌아서 버렸습니다.

정문 안쪽 공간으로 들어서니 안내 표시가 비교적 잘 되어 있었고 시설물 곳곳에 교육받은 도우미 직원들이 마주치는 관람객에게 설명을 세심하게 해 주었습니다. 덕분에

약 3시간 만에 주요 공간들을 모두 견학했습니다.

 뉴스에 보도 될 때는 매우 넓은 공간으로 보였는데 막상 가보니, 상상했던 것보다 언덕길이 많고 통로도 협소해서 불편했습니다. 현장을 보고 나서야 비로소 청와대가 매력이 없는 공간임을 확인하게 되었습니다. 물론 상대적이겠습니다만… 사실 '국민께 돌려드립니다.' 라고 대대적으로 홍보했을 때만도 기대가 컸었거든요.

 1960년대, 박 대통령 통치 시절 일주일에 한 번 정도 개방이 되던 시절이 있었는데 그때 어머니를 따라서 손잡고 경내를 한 바퀴 돌았던 기억이 어렴풋이 납니다.

 그때는 정원 뜰에 각종 과일 열매가 주렁주렁 달려있었습니다.

 60년이 지난 지금은 그 자리에 과실수果實樹는 거의 없었고 관목灌木과 교목喬木만이 관람객을 반겨줍니다.

 왠지 주변이 쓸쓸하다는 느낌이 듭니다. 주인 떠난 집이라서 그랬을까요?

 사무실 방들의 출입문은 고가구古家具문형으로 제작되어 있었는데 이미 빛바래고 실용성도 떨어져 보였습니다.

 공직자들에게 임명장을 부여했던 강당도, 대통령 집무실 공간도 답답하다는 느낌이 들었습니다. 뉴스에 보도 될 때는 왜 그렇게 화려하게 보였나 모르겠습니다. 언젠가 한 번 국회 강연장을 방문해서 전직 여성 대통령과 마주했는데 왜소한 체구에 깜짝 놀란 적이 있습니다. 그리고 나서야 텔레비전이 '와이드 화면' 이라는 것을 알게 되었습니다.

 국빈을 맞이했다는 상춘제常春齊의 모습도 그 앞의 뜰도

협소하였고 언덕 위에 있는 대통령 관저는 더욱 삭막해 보였습니다.

잔디밭에 덩그러니 놓여있는 작은 의자가 을씨년스럽게 객을 맞아줍니다.

부부가 앉아서 휴식을 취했을 것을 상상하니 애처로운 생각마저 듭니다.

이곳이 대통령 관저임을 알리는 것은 입구의 인수문仁壽門이라는 현판과 고목 한 그루가 전부였습니다.

관저의 고급스러움은 찾아볼 수가 없었고 도저히 젊은 세대와는 '어울리지 않는 고택古宅'이구나 하는 느낌이 촌부村夫의 눈에도 확실하게 들어옵니다.

나름의 이유도 있었겠지만, 이곳에서 12명의 대통령이 거쳐 갔다니, 이해가 조금 안 됩니다. 전임 대통령이 당선되었을 때, 국민과 한 약속대로 청와대를 일찍 국민에게 개방하고 정부종합청사로 옮겼더라면 지금의 후임 대통령도 용산 새 집무실을 조성할 필요도 혈세 낭비도 없었을 터인데 하는 아쉬운 마음이 들었습니다.

당시 두어 차례 편지를 드렸고, 측근에게 추가 서신을 띄웠지만 함흥차사였습니다. 기대가 컸던 만큼 실망도 컸습니다. 그분들에겐 단순하게 국민 한 사람의 의견이라고 과소평가했겠지요… 이제, 다 지나간 일입니다.

청와대는 개방되었지만, 일반 시민들이 공원으로 활용하기에는 여전히 불편하겠다는 아쉬운 생각을 하며 발걸음을 시청광장 쪽으로 돌렸습니다. 오비이락烏飛梨落일까요? 공허한 마음으로 청와대 외벽 쪽으로 걸어가는데, 소방차들이 요란스럽게 사이렌을 울리면서 청와대 남문으로 들어갑니다. 내부에 화재가 발생했나 봅니다.

주인도 없는 옛집에 불까지 나다니…

이왕 온 김에 경복궁 고궁 박물관을 관람하기로 하였습니다. 주변에서 근위병 교대식을 하고 있었습니다. 외국 손님들이 신기하다며, 너나 할 것 없이 황제 의상과 공주 복장을 하고 우르르 쏟아져 나옵니다. 궁중 문화를 체험하며 즐거운 비명을 지릅니다. 어설픈 외국어 실력으로 소통하며 어깨동무하고 그들과 인증사진도 몇 장 남겼습니다. 조금 더 아래쪽으로 내려오는데, 정부 청사 건물 구석에 노숙인 할머님이 쭈그리고 앉아서 배고픈 표정으로 나를 쳐다봅니다. 순간 '아! 구원의 요청이구나' 하는 생각이 들어 재빠르게 지갑에서 돈을 꺼내어 점심 값 정도의 금액을 드렸습니다.

고개를 숙이고 히죽 웃으며 고맙다고 하니 나 또한 마음이 편안합니다.

발걸음이 한결 가벼워졌습니다.

냉랭한 공기를 얼굴에 맞으며 회색빛 하늘을 쳐다보며 터벅터벅 광화문 광장으로 더 내려와 봅니다.

이전보다 제법 실용성 있게 단장을 넓게 해 놓았습니다. 역시 광장의 백미는 세종대왕입니다. 너그럽게 웃는 얼굴로 나를 반겨줍니다.

제작자의 마음이 느껴집니다.

'우리 지도자들이 모두 저런 온화한 모습으로 국민을 대했더라면 좋았을 것을…' 하는 생각을 해 보았습니다.

내친김에 쭉 내려갔습니다.

길목에 경찰들이 즐비하게 서 있어서 웬일인가 하고 주

변을 살펴보니, 이태원 참사 천막을 에워싸고 길게 경비를 하고 있습니다.

뉴스에서는 크게 보이던 천막이었는데 실제 보니 광장 가장자리에 쳐 놓은 작고 허름한 천막입니다. 시청에서는 그 막사를 철거하려고 가진 애를 쓴 것을 뉴스로 보았는데, 왜 그래야만 했는지 지금도 이해가 안 됩니다. 정치인들의 차가운 마음이 느껴졌습니다.

다가가서 어린 영정들의 얼굴을 보니 가슴이 뭉클합니다. 얼른 국화꽃 한 송이를 집어 어린 영정들 앞에 올리는데, 왈칵 눈물이 쏟아집니다. 추운 날이라서 그런지 콧물도 나와서 눈물 콧물 범벅이 됩니다. 어른으로서 젊은이들을 지켜주지 못해 얼굴을 마주하기가 부끄러웠습니다. 꿈 많았던 예쁜 얼굴들입니다. 돌아서서 하얀 손수건으로 하염없이 흘러내리는 눈물을 닦아냈습니다.

마침, 옆자리에 추모객분들 따스하게 마음 녹이라고 차를 준비해 두었기에 한 잔 마시고 나니, 조금 온기가 돕니다.

영령들과 함께하기 위해 조금 더 앉아 있기로 했습니다. 앉을 자리가 마땅치 않아서 지하철 계단 옆 시멘트가 볼록 튀어나온 돌 위에 불편하게 앉아서 광장 주변을 잠시 바라보았습니다.

순간 놀라운 광경이 내 눈 앞에 펼쳐집니다.

시청광장이 아니고 스케이트 광장입니다. 유족들을 조롱이라도 하듯 요란한 음악 소리가 광장을 뒤덮습니다.

'아니, 어떻게 이럴 수가!' 하며 나도 모르게 탄식이 나왔습니다.

왜 이토록 유가족을 괴롭히는 것일까요?

왜 아픔을 공감하려고 하지 않을까요?

모두가 내 가족이고 내 아들딸들인데 하며 야속한 생각이 들었습니다.

날이 저물어 갑니다. 내가 살고 있는 강원도 집으로 돌아갈 시간이 되었습니다.

그래도 오늘 당일치기로 방문의 목적을 달성하고 돌아가게 되어 기쁩니다.

시청 깃발이 광장을 굽어보며 힘차게 펄럭입니다. 누구를 위한 펄럭임일까요?

지하철로 내려가는 발걸음이 떼어지지 않습니다.

어린 영령들이 나를 붙잡고 놓아주질 않습니다.

아! 오늘이 나에겐 역사의 그날입니다.

70대 시골의 한 농부가 한 시대를 읽기 위해 잠시 외출했던 그날!

꽃상여

세상이 참 많이도 변했다.

바야흐로 아날로그에서 첨단 디지털, 인공지능AI 시대가 열렸다.

옛 생활 방식들이 그리워질 무렵, 나의 어린 시절로 돌아가 숨 가쁜 현대사회의 일상에서 잠시나마 탈출해 보고자 한다.

나는 민족상잔民族相殘의 비극이 끝날 즈음, 전라남도 해남에서 태어났다.

그때는 모두가 초근목피草根木皮로 생활할 만큼 어려운 시기였다.

세끼 식단은 된장, 간장, 김치 정도였다. 그리고 주식이 꽁보리밥이었다.

지금은 쌀보다 더 비싸진 건강 곡식이지만 그 시절은 보리밥이 가난이었다. 그래서 학교 친구 간에도 보리밥 도시락을 싸 오면 창피해서 보여주지 않던 어린 시절 기억이 난다.

쌀농사를 하거나 여유가 있는 집은 쌀밥이 자주 밥상에 올라왔다. 우리 집은 소규모지만 논농사를 지었기 때문에 주로 쌀밥을 먹었다. 물론 쌀보리를 섞어 먹기도 했다.

그 시절은 지금의 초등학교란 명칭도 국민 학교로 불렀다.

일본 천황의 칙령으로 소위 황국신민천황에게 충성하

는을 육성한다는 의미로 일제 강점기 1941년에 만들어진 학교 명칭이다.

그 시절은 교육환경이 매우 열악했다. 학생들이 각자 도시락벤또을 지참했었고, 빈곤한 집안 학생은 도시락을 싸 올 수 없어서 학교에서 무상으로 배급하는 옥수수 빵을 먹었다. 주로 읍에서 멀리 떨어진 산간벽지에 살고 있는 영세한 학생들이 대상이었는데, 같은 동무로서 연민의 정이 느껴졌었다.

그런데 이 빵은 우유가루를 섞어 만들어 점심때가 되면 온 교실이 고소한 냄새로 진동했다. 심지어 화장실 갈 때에도, "흠흠~" 하고 냄새를 마시곤 했었다. 어떤 친구들은 자신의 도시락과 바꾸어 먹기도 했다. 아쉽게도 나는 그런 기회를 얻지 못하였지만 맛은 몇 번 보았다.

그리고 정확하지는 않지만 아마도 3~4학년 정도 때인 것으로 기억이 되는데, 교실 앞 벽에는 '국민 교육헌장'이 걸려 있었고 아침, 저녁으로 외웠다. 암기를 못한 학생은 선생님으로부터 고운 대접을 못 받았다. 그래서 대부분 학생이 수시로 반복해서 읽었고 나중에는 눈을 감고도 줄줄 외웠다.

그때를 돌이켜 보니, 어린 친구들끼리도 암기 경쟁을 하면서 서로의 실력을 뽐냈던 것 같다. 칠순七旬이 된 지금도 그 헌장 내용이 입에 붙어있어 실타래 풀리듯 자동으로 술술 나온다.

'우리는 민족중흥의 역사적 사명을 띠고 이 땅에 태어났다. 조상의 빛난 얼을 오늘에 되살려… 신념과 긍지를 지닌 근면한 국민으로 민족의 슬기를 모아 줄기찬 노력으로 새 역사를 창조하자' 는 것으로 끝맺음 한다. 신기하기도 했었다. 어떻게 그 긴 문장을 외웠는지…

그런 시기에 나는 우연히 상여에 장식하는 꽃을 만드는 방법을 배웠다.

마침, 이웃에 살고 있는 친구 아버지가 상여를 만드는 장인이라서 집에 놀러 갔을 때마다 조금씩 가르쳐 주어 쉽게 배웠다. 친구 아버지는 손재주가 좋아서 각종 생활용품도 만드셨다. 대부분 재료는 함석이었고 당시 가장 많이 만든 것이 세모, 네모난 양철 두레박, 그리고 물동이물통이었다. 그때는 어린 마음에 호기심으로 가득 차 있어서 이것저것 가리지 않고 재미있게 다 배웠다.

어느새 나는 작은 장인이 되어있었다. 학교가 끝나고 나서 자주 친구 아버지 일을 도와드렸다.

물론 작은 노동이라서 별도로 수고비는 받지 않았다.

그런데 급보가 전해졌다. 친구 아버지가 돌아가셨다.

그날은 억수같이 비가 많이 왔다. 천둥과 번개가 동반된 호우였다.

그날 아버지가 망치를 이용해서 물건을 만들다가 벼락을 맞은 것이다. 쇠붙이에 전류가 흘렀다.

그 얘기를 듣고서 비 오는 날은 쇠붙이를 멀리해야 한다는 것을 어린 마음에 깨닫게 되었다. 급작스러운 가장의 죽음에 가족은 어찌할 바를 모르고 황망해하고 있었다.

어린 마음인데도 슬픔이 느껴졌다. 그리고 그 이듬해인가 생활고를 감당하지 못하고 친척이 살고 있는 부산으로 이사 갔다는 소식을 들었다. 어린 친구들이라 이별의 인사를 나눌 틈도 없었다. 오랜 세월이 지났어도 이상하리만큼 그 친구의 이름이 잊혀 지지 않는다. '황 인채' 였다.

제법 공부를 잘하던 동무였다. 유년 시절 추억은 오래 간다더니 그런가 보다.

그 친구가 떠오를 때면 '꽃상여' 생각이 난다.

난생처음 만들어 보았던 '상여 꽃'. 그중 연꽃을 가장 많이 만들었다. 당시 민중에 널리 퍼져있던 종교가 불교라서 그런지 상여 꽃은 대부분이 연꽃이었다. 접고 자르고 물감을 바르고 말리면 끝이다. 그리고 상여 가장자리부터 중앙으로 하나둘 달기 시작하면 상여 전체가 꽃들로 장식된 예쁜 꽃상여가 된다.

'그 꽃들에 둘러싸인 망자는 참 행복하겠다' 라는 생각이 어린 마음에 들었다.

그 꽃상여를 어린 시절에는 동네에서 자주 보았다.

당시에는 의료 기술과 의약품이 발달하지 않아서 사람들의 수명이 짧았다. 60세를 넘기는 어르신이 드물었다.

나의 이웃에 살고 계셨던 낚시를 좋아하고 대나무로 바구니를 만들던 죽공예품 장인 아저씨도 환갑이 되기 직전 독감에 걸려 시름시름 하시다가 며칠이 안 되어 돌아가시고 말았다. 평소에 건강하셨는데, 믿어지지 않았다. 그리고 아주머니께서도 건강하셨는데. 어느 날 부엌에서 일하시다가 머리가 아프다고 잠깐 방에 들어가 쉬시다가 돌아가셨다.

그 시절은 다 그랬다.

그리고 마을에는 약국이 겨우 하나둘뿐이었다.

지금도 이름이 생각난다. '민생民生약국과 동아약국' 이었다. 대표적인 약품으로는 활명수. 고약, 빨간 액체의 소독약 아까쟁끼정도였다.

   지금 고희古稀임에도 건강하게 글을 쓰고 있음을 생각하니, 그저 감사할 뿐이다.

   어쨌든, 그 당시에는 장례가 자주 있었고 장례를 끝내면 꽃상여를 보관하는 상엿집이 따로 있었다.

   이 집은 함부로 접근할 수가 없었다. 신성한 곳이었다. 사람들은 그곳에 혼령이 살고 밤이 되면 작은 불덩어리가 되어 돌아다닌다고 했다. 실제로 그것을 본 사람들이 많았다. 막내 누님도 밭 한가운데서 날아간 것을 보았다고 했다. 어렴풋이 나도 본 것 같은 기억이 난다. 빨간 불덩이가 이리저리 날아다녔다.

   우리 아버님도 그 꽃가마를 타고 하늘로 오르셨다.

   아버지가 돌아가신 날은 늦은 봄인데 하늘이 푸르고 쾌청한 날이었다.

   아버지는 7녀 1남의 자녀를 낳으셨는데, 그중 큰딸을 제일로 사랑하셨다. 그래서인지 큰딸은 장례 행렬 때 시종일관 상여 난간을 붙들고 매달려가며 내내 눈물 콧물 범벅이 되었다. "우리 아버지! 우리 아버지!" 하며 슬퍼했던 기억이 잊혀지지 않는다.

   묘지는 멀지 않은 동구 밖에 있었다.

   그곳까지는 비포장도로 신작로였다. 당시 지역의 대부분 도로의 환경이 그랬다. 차가 지나가면 먼지가 뿌옇게 일면서 지나가던 사람들이 먼지 범벅이 되는 것이 일상이었다. 천진난만한 개구쟁이들은 흙먼지를 뒤따라 달렸다. 동네 상여꾼들이 행상소리 향두가를 길게 하면서 가는 데 얼마나 느릿느릿 갔는지 2시간 남짓 걸렸다. 가다가 차량을 만나면 시간은 더욱 지체되었다. 우리네 장례 관습이 지역마다 약간의 차이가 있긴 하지만, 상여가 나가는 중에 차량을 마주하면 절대 먼저 차량에 길을 터주지 않는다는 관습이 있었다. 그것이 전통문화였다. 그러면 운전기사님이 차량에서 내려와 공손히 예를 하고, 망자를 위해 얼마간의 장례비를 드리면 통과할 수 있었다. 어떤 경우에는 망자에 대한 예의가 아니라며 금액이 적어서 옥신각신하는 일도 있었다. 그러면 시간이 더욱 지체되었으나 대부분은 기사님이 수용하는 쪽으로 수습이 되었다.

이 일로 누구 하나 불평하는 사람이 없었다.

장례 지에 도착하기 전까지 상여 노래는 계속되었다. 선창하는 상여꾼 우두머리가 종을 흔들며 큰 소리로 선창하면 나머지 상여꾼들이 후렴으로 망자의 한을 달랜다. 메기는 사람과 받는 사람의 화합이 잘 맞아서 슬픔 속에서도 마음이 숙연해졌다.

행상소리는 향토색에 따라 조금씩 다르지만 대강 이런 내용이다.

간다. 간다. 나는 간다. 황천으로 나는 간다.
양친 모셔놓고 천년만년 살렸더니
부모 처자 하직하고 이웃 친구 작별하고
나는 간다. 나는 간다.
후렴 에헤~ 헤헤야 어화 넘자 에헤야~

여보시오. 사자님네 내 말 잠시 들어보소.

후렴 에헤~ 헤헤야 어화 넘자 에헤야~

북망산천이 머 다 더니 내 집 앞이 북 망 일세
이제 가면 언제 오나 오실 날이나 일러 주오.
후렴 너 허 너 허 너 허 너~
관세음보살, 관세음보살~

 지금도 눈을 지그시 감고 고향 산천을 그리면 저 산 너머에서
산들바람 타고 구슬픈 상엿소리가 들려오는 것만 같다.
그리운 얼굴들이 보고 싶어진다.

나는 인제군의 외교관

안녕하서요. Mr. Kim
we are Istanbul and
wanted to send you a
postcard to say thank you
when you invited us to
stay with when we
were cyclingMay 2019.
we hope you are well!
감사합니다!
하비Javi, 드니스Denise

Mr. Kim
원통로 117번길
93-23
24612

 이 편지는 내가 외국인으로부터 받은 내용입니다.
 여러분! 젊은 청춘이라면, 누구나가 한 번쯤 꿈꾸어 봄 직한 세계 일주!
 그것도 자전거 일주라면, 로맨틱하지 않나요?
 신기한 것은 인제군의 자연이 지구 반대편에 있는 사람들에게 세계적인 '힐링 로드, 자전거 길'로 알려졌다는 사실입니다.

   이런 친구들을 우연히 겨울이 끝나고 봄이 시작되는 계절에 만나게 되었습니다.

   벌써 3년이란 시간이 흘렀습니다.

   아마도, 2019년 5월 초순쯤으로 여겨집니다.

   청춘 남녀가 제가 거주하고 있는 강원도 인제군 원통, 인근 체육공원에 자전거를 타고 와서 하룻밤을 새우기 위해, 화장실 옆 공터에 작은 텐트를 치고 숙박 준비를 하는 모습을 발견하게 되었습니다.

   공원 벤치에 앉아서 정답게 연인들이 대화를 나누고 있었지요.

   5월이라지만 북쪽 지역이라서 밤공기는 제법 차가웠습니다. 그래서 염려가 되어 서투른 영어지만, 대화를 신청해 보았습니다.

   "어느 나라 출신이냐? 나이는 몇 살이냐? 두 사람이 어떤 관계인가?" 등 일상적인 여러 가지 얘기를 나누고 나서, 정중하게 연인에게 이곳은 추운 지역이니 우리 집에서 무료로 귀하들께 방을 제공해 드리고 싶은데 어떠냐고 의사를 타진해 보았습니다. 다행스럽게 두 분이 잠시 대화를 나눈 후, 흔쾌히 나의 청을 고맙게 받아들였습니다.

   집에 들어와 저녁 식사를 준비하려는데, 감사하다며 배가 고프지 않다고 사양했습니다. 아마도 집주인에 대한 배려가 아니었나 생각됩니다. 그래서 늦은 시간이라 더 이상 권하지 못하고 간단하게 샤워만 하도록 준비해 드리고 잠자리를 만들어 주었습니다.

   이튿날, 일어나서 이런저런 생활 얘기를 나누면서, 어느 정도 상호 간의 어색함이 사라지고 긴장감도 풀리며 표정도 한층 밝아졌습니다.

　외국인과의 이런 갑작스러운 만남은 처음이라 아침 식사를 어떻게 제공할까? 고민하다가 보통 우리가 외국식당에 갔을 때, 메뉴에 항상 포함된 것이 달걀이란 생각에 '스크램블 에그'가 무난하겠다고 여기고 나름 미숙한 솜씨로 음식을 조리해 보았습니다. 그리고 조금 염려가 되었지만, 한국을 알리기 위하여 김치도 약간 곁들여 상에 올렸습니다.

　그런데 식사 후에 보니, 우리네 김치가 익숙하지 않아서인지 그대로 남겼습니다. 웃음을 참고서, 한국 김치 내력에 관해 설명해 주었더니 신기하다는 표정을 지었습니다.

　이렇게 아침 식사를 끝내고 기념사진도 찍으면서 인제군이 천혜의 자연 고장이라는 얘기를 들려주었더니 많은 호기심을 가졌습니다.

　주변에 있는 십이선녀탕과 백담사 등 역사 유적지를 안내하고 싶었으나, 일정인제-원통-양양-강릉-부산-일본 등이 짜여 있어서 설명으로 대신했습니다.

　보내면서도 외국인이라 여러 가지가 걱정되어 도로 초입까지 안내하기로 하였습니다.

　그런데, 친구들이 내려가는 길에 식수를 준비해야 한다면서, 공원 화장실에 물을 뜨러 갔습니다. 이 모습이 안쓰러워 걱정하지 말라며, 인근 상점으로 내려가서 생수와 바나나 초콜릿 과자 등을 사주었습니다. 두 연인이 부담스러운 표정으로 바라보며, 제게 이렇게 말했습니다. "저희는 돈이 없습니다."

뜻밖의 대답에, "걱정 안 하셔도 됩니다. Nevermind~" 하며, 이렇게 전해주었습니다. "한국 사람이 방문하는 손님에게 전하는 일상적인 생활방식입니다." 하였더니, 연인들은 고맙다며 미소를 띠고, 연신 감사의 마음을 전했습니다.

그렇게 보내면서도 긴 여행길에 돌발 사고도 만날 수 있기에, 떠나기 전 이런 메시지도 전했습니다. "혹시 여행 중, 문제가 생기면 저에게 전화를 주세요. 그러면 제가 달려가서 도와드리겠습니다."

이런 호의가 정말 고마웠던지 한동안 저를 온정의 눈길로 쳐다보았습니다.

순간의 일이라서 조금은 어색했습니다.

그렇게 우리는 1박 2일의 만남의 기쁨을 뒤로하고 이별하게 되었습니다.

"잘 가세요! 건강하세요!"

작별의 인사를 나누었지요.

정다운 손을 흔들며 목적지까지 안전하게 잘 가기를 염원했습니다.

뒷모습에서 두 연인의 자전거 발걸음이 가벼워 보였습니다.

그 후, 친구들에 관한 이야기를 한동안 잊고 있었는데, 3년이 지난 어느 날 허름한 한 통의 편지가 집 우체통에 도착했습니다.

터키 이스탄불에서 붙여온 위와 같은 내용의 서신이었습니다.

우편엽서를 읽고 나니, 옛 추억들이 새록새록 봄 새싹처럼 피어났습니다.

얼마나 기억에 남아서였을까요? 아마도 한국인이 베풀었던 호의를 늘 마음에 담고 있었던 모양입니다.

우리 한글로 쓴 인사말이 틀렸지만 '안녕하서요' 참 대견했습니다.

헤어질 때, 따로 주소를 적어주지 않았는데 어떻게 편지를 했나 궁금하기도 했습니다.

집 앞에서 기념사진만 찍은 기억뿐인데요.

아마도 그 뒤 벽면에 주소가 찍혔던 것 같습니다.

또렷이 한 자 한 자 글씨를 썼다는 것도 신기하였습니다.

아마도 한국인의 도움을 받아서 쓴 편지였을 것으로 여겨집니다. 그러지 않고는 어려운 우리글을 쓸 수가 없을 테니까요.

그동안 세계 넓은 지역을 여행하며 한국인이 베풀어 준 친절을 얘기했을 것을 생각하니 마음이 뿌듯합니다. 마치 제가 인제군의 민간 외교관이 된듯하여 어깨가 으슥해지기도 합니다.

외교가 특별한 것인가요?

친절한 마음으로 서로 소통하는 것이지요.

코리아 한국인의 긍정 이미지가 친구들의 가슴에 편지처럼 오래오래 기억되고 세계 사람들에게도 한국이, 특별히, 강원도 인제군이 따뜻한 마음을 가진 사람들이 모여 사는 곳으로 알려졌으면 하는 바람을 가져봅니다. 요즘도 운동장 둘레 길을 걸으면서 친구들이 조그맣게 쳐 놓았던 텐트 자리 곁을 지나칠 때면, 지나간 옛 추억이 떠올라

슬며시 흐뭇한 미소가 지어집니다.

지구 반대편 멀리서 온 귀한 친구들, 하비아르헨티나 출신, 드니스캐나다 출신 사랑합니다!

그대들이 나에게 감사한 것처럼 나도 그대들이 어느 이른 봄날 정다운 추억을 만들어 주어 감사해요.

소중한 인연에 감사드립니다.

지금은 어디쯤 계실지 모르지만, 목적지까지 안전하고 행복하게 세계 곳곳을 즐겁게 여행하시기를 바랍니다.

그리고 그대들의 아름다운 여행이 행복한 결혼으로 이어지고 먼 훗날, 다시 이곳에 자녀와 함께 방문하기를 간절히 염원하겠습니다. 그때까지 잊지 않고 그대들을 생각하며 기다리겠습니다. 꽃샘추위가 기승을 부리던 어느 이른 봄날, 인제군 원통 체육공원 '5월의 추억'을 봄꽃처럼 소담하게 오래오래 간직하세요!

도시에서 날아온 새

30여 년의 공직을 마치고 귀촌한 곳이 강원도 인제군 북면 원통 마을이다.

'인제 가면 언제 오나 원통해서 못 살겠네.' 그 마을이다. 외설악外雪嶽 지역인데 과거에 교통이 매우 열악해서 군인들이 진담 반 농담 반처럼 했던 얘기다. 지금은 도로가 매우 편리하게 잘 닦여져 있다.

과거 서울에서 설악산으로 교육연수를 갔다가 돌아오는 길목에서 한계령의 거센 계곡 물결을 보면서, 때 묻지 않은 경관에 매료되었다.

이곳 풍광風光은 가히, 중국의 장자제장가계와 견줄만하다.

장가계가 정적靜寂인 동양화라면 한계령의 내림천은 생동감 넘치는 한 폭의 수채화일 것이다.

퇴임 후 이곳으로 와서 살고 싶다고 생각했었는데, 신기하게도 꿈이 현실로 되어버렸다.

귀촌 겸 귀농 생활을 하면서 제법 지리도 익숙해질 무렵 주변 어르신들의 추천으로 60대 중반 나이에 노인 봉사 직을 맡게 되었다. 아마도 노인단체에서 가장 어린 나이 노인 회장이었을 것이다.

처음 이사 오면서 마을 분들께 예禮를 표하는 마음으로 큰 밥통을 회관에 기증했던 생각이 새삼스럽게 난다.

당시, 어르신들 모두가 회관 앞에 나오셔서 병렬로 서서 개선장군을 환영하듯 손뼉 치며 환호해 주었다. 잠시 얼굴이 붉어지기는 했지만…

 이 자리는 봉급을 받는 자리가 아니고 봉사하는 자리다. 모든 분을 도와드리지만, 특히 나이가 연로해서 거동이 불편한 분들에게 집중적으로 도움을 드린다. 일과 중, 점심시간이 되면 개인 승용차로, 집으로 모시러 가고 식사 후 좌담이 끝나면 모셔드리는 것이 주된 업무다. 때때로 전화도 드려 안부를 묻기도 하고 건강도 확인하는 일을 병행한다.

 단순한 일 같지만, 여러 가지 서류 정리도 함께해야 하기에 분주하다. 아울러 여유시간에 산불 보호 활동을 해서 하루가 후다닥 지나가 버린다. 직분을 맡은 동안 여러 가지 안타까운 일들이 많았다.

 당시, 어르신들의 신체가 불편하여 어느 곳이든 승용차로 모셔드렸는데, 처음에는 어쩔 줄 몰라 하시면서 미안해 하셨지만, 시간이 지나면서 그런대로 적응이 잘 되는 듯하였다.

 가끔 어르신들의 옛 추억이 서려 있는 곳을 구경시켜 드리곤 했는데, 그럴 때면 "아이고! 여기가 이렇게 변했어?" 하며 즐거워하는 모습이 천진난만한 아이같이 보였다.

 미소를 감출수가 없었다.

 봉사 기간에, 특별히 세 분 어르신이 기억에 남는데, 소개해 볼까 한다.

 공교롭게도 모두 할아버지가 돌아가신 여성 할머님이었다.

 그중 한 분은 원통 전통시장에서, 매일 장사하면서 읍내 지역 오일장도 나갔다.

점포가 없었기 때문에 시장 한 길가에 물건을 펼치시고 장사를 하였다. 보따리가 전부였다.

할아버지가 돌아가시고, 발달장애 아들과 함께 생활하면서 장날마다 물건주로 인근 산에서 채취한 나물을 팔아서 생계를 유지하고 있었다.

단 한 푼의 돈도 아껴야 할 처지였다.

이런 사정을 안 나는 가끔 그곳에서 채소를 샀다. 그리고 인근 읍내 장터로 갈 때도 한 푼이라도 아끼라고 승용차로 그곳까지 모셔드렸다.

귀가할 때는 마중 오는 것을 극구 거절하고 버스로 돌아왔다.

주로 여름에는 나물, 채소, 인제 옛 특산품 올챙이 전통 국수를, 겨울에는 가마솥에 나무 땔감을 태워 팥죽을 손수 만들었는데 그중 이름도 재미있는 '올챙이국수' 맛이 일품(品)이었다.

열심히 생활하려고 애를 썼다. 이런 모습을 보며, 바나나 사과 등 식품을 사 드리며 위로해 드렸다.

특히, 무거운 팥죽을 내려주고 올 때는 생활에 도움이 되라고 꼭 한, 두 그릇을 팔아드렸다.

마주하고 있는 빈대떡 장사 할머님도 서운하실까 봐 몇 개 팔아드렸다.

그즈음 할머님은 고맙다며 차비라도 하라고 하면서 택시비 만 원을 나에게 건네주었다. 물론 다시 돌려드리고 도망치듯 하였지만…

워낙 순수하셔서 내가 받을 때까지 손을 놓지 않았다.

마치 실랑이라도 하듯이

  돈을 주고받기를 반복하였기에 멀리서 보면 장터 싸움판이 벌어졌나할 정도였다.

  그 후 한동안 못 뵈었는데, 이웃 분들이 '암'으로 병원에서 투병하고 있다는 안타까운 소식을 전해주었다.

  또 한 분 어르신은 중증 암 환자였다. 거동이 불편하여 도움 없이는 거의 한두 발짝도 걷지 못하였다.

  나중에 알았지만, 할머님은 자신이 암이라는 사실을 까마득히 모르고 있었다.

  나도 어느 날 가족이 방문하였을 때 알게 되었다.

  당신께서는 아픔이, 그저 노환이려니 하고 생각하고 있었다. 온종일 찾아오는 사람이라곤 지역 요양사 한 분뿐이어서, 참 외로워 보였다.

  마침, 나는 언덕 윗집에 살고 어르신은 그 밑에 가까이 사셨기에 자주 안부를 묻고 건강도 확인하면서 가족처럼 지냈다. 그런데 어느 날 노인회관에 손님이 물건을 놓고 갔다는 연락이 왔다. 알고 보니 춘천에 살고 있는 자녀가 과일이며 음료수를 꼭 회장님께 전해드리라고 했다고 한다.

  아마도 할머님께서 나의 얘기를 아드님께 전해주었던 것 같다.

  그렇게 잘 지내시던 할머님이 어느 날 아들이 거주하는 곳으로 거처를 옮겼다는 연락이 왔다.

  병환이 중해지셨을까? 염려되어 여러 번 안부 전화를 주고받았는데 예전같이 카랑카랑한 건강한 목소리였다.

  "회장님, 아들 집에서 잘 지내고 있습니다. 보고 싶습니다."

다행이라 여기고 그 뒤로 한동안 잊고 있었다.

그러던 어느 날 할머님께서 돌아가셨다는 연락이 갑자기 왔다.

그것도 장례가 다 끝나고 나서… 이럴 수가!

아마도 급히 병원으로 이송하시는 도중에 영면하신 것으로 추측된다.

참 안타까웠다. 인생의 무상함이 몰려오고, 하루 종일 하늘이 횅하게 느껴졌다.

내가 할 수 있는 것은 아무것도 없었다.

그동안 정도 많이 들었는데, "어르신 고생 많으셨어요. 하늘나라에서는, 꼭 건강하시고 할아버지도 만나시고 친구 분들도 만나서 행복하게 사셔야 해요."

눈물 어린 기도뿐이었다…

마지막으로 한 분은 가족 연고가 없이 홀로 계신 분이었다. 얼마 전 다리를 다쳐서 '노인 시니어 활동' 노인 일자리 활동을 전혀 못 하여 생활이 어려웠다.

이런 사연을 알기에 이 어르신은 특별히 다른 어르신보다 더욱 신경을 써 가면서 도왔다. 험한 언덕 넘어 꼭대기에 살고 있어서 늘 손을 잡고 집까지 모셔드렸다. 한번은 비 오는 날 언덕길을 오르다 차가 그만 바윗돌에 부딪혀 버렸다.

다행히 인명사고는 없었다. 다음날 자동차 정비소에서 수리를 받아보니 50만 원이 나왔다. 보통 때 같으면 속상할 터인데 그날은 왠지 그냥 마음이 편했다. 곰곰이 생각해 보니, 그것이 사랑의 마력魔力이었다…

그러던 어느 날, 돌아오는 길에 나를 부르시며 내 손을 꼭 잡고, 고맙다며 미리 준비해 두셨던 검은 비닐봉지를 건네주었다… 과일과 떡 유통기한이 지난 꽁치통조림이 들어있었다.

그동안 하나둘 소중히 모아두셨던 음식물인 것 같았다.

그 형편에 그것마저도 당신께는 소중한 음식이었을 터인데, 하며 감사히 받았다.

자주 찾아뵙고 간식거리도 사드렸는데, 갑자기 급한 사정이 있어 다른 곳으로 이사를 가게 되었다는 뜬금없는 소식을 들었다. 사연도 자세히 여쭤볼 기회마저 없었다. 대략 소문에 의하면, 사시던 집에 돌아가신 할아버지께서 이유를 모르지만, 집 등기를 다른 사람에게 넘겼다는 슬픈 소식을 들었다. 안타까워 눈물이 났다.

이것이 나에게는 할머니와의 마지막 이별이었다… 다리를 다쳐 제대로 치료도 못 하고 걸음도 불편했는데 걱정이 많이 되었다… 얼마 전에 지방자치단체에 개인 사정을 얘기하고 장애인으로 등록해 달라고 요청했으나, 그 과정이 매우 까다로웠고 결국은 거절되었다. 문득, 뉴스에 보도되었던 불행한 '세 모녀' 사건이 떠올랐다.

이제 모두가 추억이 되었다. 지난 초여름 차량 이동진료소에서 종합검진 받게 해드리려고 함께 갔던 일, 건강검진 통보서 '이상 없음' 소견서를 전해드렸는데 받아보고 환하게 웃으시던 얼굴, 식당에서 전통음식을 함께 맛있게 먹었던 일, 한 번은 당신께서 회장님께 매번 대접받아서 미안하시다면서 오늘은 꼭 당신께서 내시겠다며 내 손을 뿌리치고 기어이 쌈지 지갑에서 돈을 꺼내시던 정다운 모습이 떠오른다.

가족처럼 극진히 모셔 드렸고 정도 많이 들어갈 무렵 이별이 매우 섭섭하였다.

어르신, "어디 계시더라도 건강하셔야 합니다." 우리 다시 만나도록 해요.

하느님께 간절한 기도를 올렸다…

이렇게 노인 활동을 하면서 "봉사보다 더 아름다운 인생은 없구나!" 하는 깨우침을 선물로 받았다. 임기를 마치고 돌아보니, 더 많은 어르신께 더 많은 것을 해드리지 못해 아쉬움으로 남았다. 하지만 현장에서 그분들을 열심히 돕고 격려하고 최선을 다했던 만큼 후회는 남지 않았다.

이것이 나에게는 '또 하나의, 축복의 시간이었다.'

지금도 어르신들을 위하여 가끔 원통 '순교자 성당'에서 건강과 평화의 기도를 올려드리고 있다.

'도시에서 날아온 새'가 황혼에 접어들 무렵, 어느 농촌 무지개 마을에 곱게 나래를 접었다.

F 학점

누구나 어린 시절 꿈을 간직하고 있다.

대통령, 정치가, 군인, 경찰, 종교인, 선생님 등…

아마도 이 꿈의 실현은 주변의 환경이나 자신의 노력으로 결정된다고 생각한다.

화자話者는 우리나라 남단南端에서 태어나 그곳에서 초등학교를 마쳤다.

전쟁이 끝나고, 휴전 시기에 태어났으니, 빈곤하기 이를 데 없었다.

고무신을 신고, 보자기로 책을 싸서 학교에 다녔었다. 그래도 나는 친구들보다도 조금 형편이 나아서 2학년 때인가부터 들고 다니는 가방과 운동화를 신고 다녔다. 당시 서울에 살고 있는 누님으로부터 여러 생활 물품을 제공받고 있었기 때문이다.

당시에는 서울에 친척이 살고 있다고 하면 누구나가 부러워하던 시절이었다.

물론 지금 젊은 세대의 시선으로 보면 이해 못할 일이다.

그때는 모든 것이 귀한 시절이었다. 간식거리도 변변치 않았다. 지금의 각종 케이크나 빵, 과자는 생각도 못 하였다. '유다'라는 찐득찐득한 과자와 '왕 사탕(아메다마라 함-일본어)'이 제일 맛있는 과자였다. 그중 왕사탕이 조금 비쌌다.

그런 시절, 우리 집 인근에 명 사찰, '대흥사'가 있었는데 과거 서산대사와 최근 돌아가신 법정 스님이 젊었을 때 거주했던 곳 한 스님으로부터 희망에 부푼 말을 들었다. 대문 앞에서 기다리던 스님이 어머님과 어린 나를 보며 한 말이 평생 잊혀 지지 않았다.

"혀! 고놈, 인상을 보니, 훌륭한 정치인 감이로구나." 한 말이 내 가슴속 깊이 새겨지고 말았다.

그즈음, 초등학교를 졸업하고, 서울에 살고 있는 누님 댁으로 원정 진학을 하게 되었다. 아마도 시골에 있었더라면, 상급학교 진학은 어려웠을 것이다.

정치인이 될까? 법관이 될까? 많은 생각을 하다가 결국, 법대를 졸업하고 우여곡절 끝에 교직에 몸담게 되었다.

전공과목은 정치와 경제였다.

한편, 직장에서도 스님의 말씀이 늘 뇌리에 남아, 내 가슴을 방망이질했다.

어릴 적 그 꿈이…!

결국, 수십 년 후학을 양성한 후, 다소 늦은 나이에 정치에 입문했다.

단계적으로 도전하기로 했다. 먼저 지방의회에 도전장을 내밀었다.

주변 정치인의 도움 없이 혈혈단신 지역구민만 믿고 열심히 선거운동을 했다. 그러나 나의 꿈은 안타깝게도 좌절되고 말았다.

그도 그럴 것이 무소속 출마했으니 말이다. 우리나라 정치 정서상 당선이 어려웠다. 모든 선거는 정당 중심으로 돌아가는 분위기였기 때문이다. 지금도 정당 소속이 아니면 무소속 후보는 주목받기가 쉽지 않다. 사실 무소속 후보가 더 열정적이고 청렴한데, 주민들은 그 속사정을 알지 못한다. 이웃하고 있는 나라에서는 오히려 '무소속' 후보에게 관심이 있다는데 우리나라는 예외이다. 사람보다도 집단을 우선시하는 선거문화 때문이다.

상당한 주민의 지지를 얻었음에도, 그만 '낙선' 하고 말았다. '선전善戰'이란 표현이 지역 주민에 대한 감사의 표현일 것이다.

여기까지 과정만 보면 선거가 의미도 없고 허무하게만 느껴졌을 것이다.

그러나 귀한 보물을 얻은 것이 있다.

출마할 때 내 건 공약 중 핵심 공약 두 가지가 있었는데,

횡단보도 교통사고 줄이기, 노인 복지였다.

특별히, 어린이, 노인 사고만큼은 전국에서 단 한 건도 발생하지 않도록 하는 것이 목표였다.(제도적으로 교통 도우미를 활용하기로 계획함)

과거 교직에 있을 때 횡단보도에서 사고를 당해 장해를 입은 학생이 있었다. 이 안타까움으로 그때부터 학교에서부터 여러 선생님과 함께 교통안전 도우미로 활동했다.

지역에서도 선거일 3개월 전부터 봉사 활동을 했기에, 웬만한 지역민들은 나를 알고 있었다. 가끔 거리에서도 상호 간 반가운 인사를 했었다. 어느 날, 인근 종합운동장 지하도에서 6학년쯤 됨직한 어린 학생을 만난 일이 있었는데, 달려와서 나를 보며 반갑게 껴안아서 깜짝 놀란 적

이 있었다. 그만큼 교통 도우미로서 후보 얼굴이 널리 알려져 있었다.

한번은 유세 기간에 자녀 교육 상담을 위해서 선생님을 만났는데. 한눈에 나를 알아보며, 교통안전 지킴이 후보 아저씨죠? 해서 또 한 번 놀랐다.

지나가던 택시 기사님, 저녁 늦게 퇴근하던 직장인분도 횡단보도 파란불이 켜져 있는 짧은 시간에 명함을 요구하며 격려했던 일, 지역민들의 응원 편지들… 많은 시간이 지났음에도 사랑으로 남아 잔잔한 감동을 주고 있다.

몇 개월의 짧은 기간이었지만, 지역구민에게 교통안전의 경각심을 일깨워 주고 위험으로부터 지켜준 것이 나에겐 평생의 큰 자산으로 남았다.

비록 정치는 낙선하였지만, '사회봉사에서의 낙선은 아니었다.'

스스로 학점을 주어본다면, 정치는 F 학점. 분명, 봉사는 A 플러스일 것이다.

"이것이 내가 얻은 값진 보물이다!" 열정적 에너지를, 지역민을 향해 표출할 기회를 상실한 것이 못내 아쉽기는 하다…

** 출마한 지역은 전국에서 가장 아름다운 호수를 끼고 있는, 나에게는 제 2의 고향과도 같은 서울 송파구였다.

검지손가락의 경고

항성인 태양을 둘러싸고 있는 행성 중 지구는 유일하게 산소를 내뿜고 있다. 과학자들은 대략 지구의 남은 수명을 약 5억 년으로 추산한다.

이 시간이 지나면 지구도 여느 행성처럼 산소가 증발한 삭막한 사막이 될 것이다.

지구와 비교적 가까이 있고 생성 환경도 유사한 화성이 그러했다. 수백억 년 전에는 지구와 유사한 환경을 가졌을 것으로 추측한다.

그렇다면 지금의 지구처럼 생명체와 물과 강이 흐르고 있었을 것이다.

그때 인간을 비롯한 생물체의 모습은 어떠했을까를 상상으로 그려보니 신기하다.

지구도 크고 작은 환경의 변화를 거치면서 지속해서 온난화를 촉진하고 있다.

2천 년 동안 평균 0.2도 상승한 기온이 최근 100년 만에 1.1도가 상승했다. 이 영향으로 세계 곳곳에 산불과 폭우 등 기후 이상 현상이 발생해서 인간의 생존을 위협하고 있다. 과학자들은 이것을 '재앙의 서막'이리고 한다. 더 놀라운 사실은, 기후학자들이 말하는 임계 온도인 1.5도를 넘는 달이 무려 11개월이나 지속되었다는 점이다.

그렇다면 남아있는 5억 년의 시간은 '덤 축복의 시간'이다. '기회의 시간이다.'

하지만, 지금 같은 속도로 이산화탄소, 핵 방사성 물질을 증가시킨다면 파멸은 '촌각'을 다툴 뿐이다.

머지않아 지구도 다른 행성의 운명이 되지 않을까?

두 번째 지구가 있다면 얼마나 좋을까마는 그건 희망일 뿐이다.

하늘이 가리키는 방향을 잘 숙고熟考해야 한다.

수성 금성 화성 목성 금성 천왕성 해왕성을 보고 지구의 운명을 슬프게 생각하라는 경고의 메시지가 담겨있다. 인간들이 감히 해석이나 할까? 한순간도 형이하학形而下學의 틀에서 벗어나지 못하는 어리석은 이들이 아닌가…?

해설

김순석 · 이옥녀 시세이집

인생 지기 칠순 부부의 여여한 일상,
그리고 세상 보기

김신영(시인, 문학박사)

　기쁜 소식을 유난히 기다리는 어린아이 같은 순수하고 맑은 시인은 인생 역경을 지나오면서 너무 많은 바람을 만났다. 어쩌면 사람이라면 누구나 역경을 만날 것이다. 역경의 크고 작은 크기는 사람마다 다르다. 시인도 그가 짊어지고 가야 하는 역경이 있었다. 무겁지만 자신에게 지워진 짐을 가볍게 지고 바보처럼 웃으며 살아가는 맑은 영혼을 가진 시인을 만난다.
　시인은 작은 것에도 섬세한 감각을 갖고 기뻐하며 평화의 마음으로 살아간다. 그러한 시인의 마음과 달리 세상과 사람은 악하고 못돼서 그러한 사회의 모습에 실망한다. 어쩌면 성인들의 말씀처럼 세상은 점점 더 악해져 가고 있는지도 모른다. 그러기에 선한 사람들은 실망한다. 그럼에도 불구하고 우리 각자는 선한 사람임이 틀림없다. 시인이 선한 영향력을 끼치면서 살아가듯이 말이다.
　그러기에 외로움이 깊은 그는 이 사회가 자신을 따뜻하게 품어주기를 소망한다. 그만큼 삶이 단순하지 않았다는 것이며 열심히 노력했다는 뜻이다. 그래서 시인은 생활 시를 쓰고 생활 산문을 써 왔을 것이다. 세상에서 닥쳐오는 치열한 경쟁은 너무 엄격한 잣대를 들이대기 때문이다. 그러므로 너그럽게 봐 달라는 것이다. 좀 따뜻하게 품어 달라고 당부한다.

　작가는 무엇보다 어린 시절부터 문예를 사랑하였고 부창부수듯이 부부가 함께 오랜 시간 동고동락하면서 문예를 사랑하였다고 고백한다. 칠순을 맞이하기까지 사랑한 그의 삶과 글과 부부의 지락은 여여한 작은 등불이 되어 반짝인다. 이처럼 겸양의 미덕을 펼쳐 내면서 삶을 포용하고 견디고 일으켜 세운 공로가 웅숭깊다.

　"어떠한 역경을 겪더라도 생명은 아름다운 것이며 삶만큼 진실한 것은 없다."라고 박경리 작가는 말한 바 있다. 사람마다 견디고 이겨내는 세월이 우리 앞에 도사리고 있으며 역경을 겪어내는 삶과 인생은 누구보다도 아름답고 진실한 것이다.

1. 진실과 마주하기

　시인은 시집을 통해서 편지체로 높은 사람들에게 간청하거나 충고하다가 정치에 대해 나름대로 일갈하다가 어떤 사실은 예찬하다가 너무 과하게 선을 넘어가서 한마디 하기도 한다. 사람들은 차갑고 바람도 차갑게 불고 바람은 차가운 말을 쏟아놓는다. 그러나 어머니는 시인의 눈에 세상 그 어떤 것보다 진실이다. 진실은 어머니

다. 어머니가 곧 진실이라는 것은 타인들로부터 실망을
얻을지라도 어머니는 오히려 감동을 얻기 때문이다.

    어린 시절,
    동네 한가운데 있는 우물은
    여인네의 장터였지요.

    먹는 물도 떠 가고, 빨래도 하며
    어머님의 이야기보따리를
    풀어놓는 곳이었답니다.

    아침이면,
    어머님은 물동이를 이고서
    식구들을 위하여 몇 번씩 샘을 왕복하였지요.

    무거운 물동이를 이고 일어설 때면
    이리 뒤뚱 저리 뒤뚱뒤뚱하시던
    모습이 눈에 선합니다

    오래된 물동이 밑에서 물이 줄줄 흘러도
    아랑곳하지 않고 얼굴에 흐르는 물 맞으면서
    오직, 가족의 기쁨이라 여겼답니다.

    오가던 작은 길목에 떨어트린 물 한 방울
    한 방울이 생명의 기운이 되어
    오솔길에 귀여운 들꽃들을 피워냅니다.

    물동이는 행복이었습니다.
    물동이는 희생이었습니다.

물동이는 어머님의 사랑이었습니다.
　　―「진실」

　시인은 어머니의 헌신과 희생에 큰 감동으로 평생을 살아간다. 대부분 사람은 어머니의 삶에서 큰 교훈을 얻는다. 누구나 어머니를 생각하면 눈물이 고인다. 그의 삶은 오로지 자식과 가족을 위한 헌신과 희생이었으므로 그 사랑에 우리가 그 어머니의 물동이를 기억하면서 행복한 얼굴이 된다. 어머니의 사랑으로 물동이는 아직도 마음속 깊은 곳에서 물을 찰랑이면서 집으로 오고 있다. 그것이 진실이다. 세상 단 하나의 위대한 진실! 바로 어머니라고 시인은 시집의 첫머리에 밝히고 있다.
　아래의 시는 돼지감자에 빙의된 화자가 등장한다. '나'는 돼지감자, 화자는 의인화되어 감자의 항변을 늘어놓는다.

누가 /나를 풍딴지라 하였소?
땅속 깊은 뿌리 진실/알기나 하오?

대지의 기운 모아
생명의 약 만들었다오.

키는/9척 장신 '관우'이고,
머리에는 /황금 관을 얹고 있소.

그러하니/국화과 꽃 중에서도 으뜸이라오.
곧게 뻗은 줄기는/사육신死六臣의 절개요
정절은/일편단심一片丹心 춘향이라오.

―「돼지감자」

농부가 보기에 돼지감자는 그저 먹거리가 아니다. 그는 뚱딴지라 불릴 만큼 생명력이 왕성하고 잘 자라는 식물인데, 그의 뿌리에 박힌 진실은 대지의 기운을 모아 생명의 약을 만든다는 것이다. 사실 뚱딴지라는 놀림 말에 속한다. 아무 때나 불쑥불쑥 얼굴을 내미니 하는 말이었을 것이다. 그런데 뚱딴지는 또한, 키가 커서 9척에 달하여 관우의 키에 도달한다. 머리에 얹은 황금관은 아름다운 꽃, 국화과이므로 국화처럼 아름다운 꽃이 피기 때문에 시인은 그렇게 이른다.

더불어 돼지감자는 곧게 잘 자라는 특성이 있어 이를 절개라고 화자는 노래하고 있으며 그의 곧음은 춘향이처럼 일편단심이라고 말한다. 줄기가 유난히 곧아서 이를 절개로 보고 죽음을 각오하고 절개를 지키려 했던 사람들을 떠올린다. 그중에 사육신이 있다. 그들은 단종에 대한 절개 때문에 죽음을 맞았다. 또한, 춘향이가 있다. 춘향이 역시 이몽룡을 향한 절개 때문에 죽음의 문턱까지 갔던 놀라운 절개가 있었다.

우체통에 나무 잔가지 부산물이
가득합니다.
옆집 놀부 할아버지 심술이겠지요?

다음다음 날도
수북이 쌓인 마른풀…
이상 합니다?

아차!
새가 둥지를 트려나?
우체통을 살며시 열어 봅니다

또랑또랑한 눈망울이
내게 달려옵니다.

아저씨! 처음 뵙겠어요.
인사드려요
저 예쁜 황금 들꽃 새 예요.

지금 아기가 태어나려고
산고産苦를 겪고 있어요.
며칠 머물게 해 주세요
부탁드려요…

아기가 태어나면
매일 같이 아저씨 곁에 와
옛이야기 들려드리고

즐거운 노래도 불러 드릴게요.
쮸릿~ 쮸릿~ 쮸리릿~
　　　―「우체통에 찾아온 손님 1」

　편지를 기다리는 우체통에 원앙 한 쌍이 둥지를 틀었다. 우체통은 새에게는 멋진 집이었을 것이다. 그처럼 멋진 집에서 살림을 차린 새를 보니 시인은 반갑기 그지없다. 처음에는 옆집 놀부 할아버지 심술로 여겼다가, 순간 새가 둥지를 트려나 하는 생각에 이른다. 그렇게 마른 풀이 쌓이고 황금 들꽃 새가 찾아온다. 새들은 선물로 멋지고 청량한 노래를 부른다.

시인은 의인화를 잘한다. 금방 새가 되어 말한다. '며칠 머물게 해주세요. 부탁드려요.' 다른 시들에서도 자연의 모습으로 의인화한 시인은 곧잘 사물이 되어 말을 건넨다. 그 새는 우체통 주인에게 즐거운 노래를 불러 주고 있다. 쮸릿, 쮸릿 노래하는 소리가 신선하게 다가온다.

2. 그리움은 저 하늘에

2장에서는 성인들이 자주 등장한다. 그중 군인에 대한 시를 살펴본다. 그는 성인들을 차례로 만나고 군인도 만난다. 성인의 명언을 새기고 군인의 노고를 새긴다. 특히 병장을 예찬하고 있어 주목한다. 대한민국 남자라면 모두 군인이 되어야 한다. 특히 말년 병장이란 말이 있듯이 모든 현실이 조심스럽고 자랑스러운 시간이다.

청춘의 중요한 시간과 밤을 국방으로 지새운 젊은이들의 훈장이 병장이다. 그는 막대기 네 개에 만족하는 모습을 드러내고 있어 극도의 겸손과 조국애를 한껏 드러낸다.

이거 인생 걸작품 아니오?
막대기 네 개

단맛 신맛 쓴맛 짠맛

다 보았소.

청춘의 긴 밤
지새우며
나 여기
조국 수호 언덕에
우뚝 섰소

더 이상
무어 바라겠소?

보물寶物 주름살
네 개면 충분하지

내 한 몸 불사르니,
국민의 얼굴 속에
백만 송이 환한 웃음꽃이 피었다오.
　　　—「병장예찬」

그는 병장의 작대기를 걸작이 아니냐고 묻는다. 막대기 네 개, 작대기 네 개는 단맛, 신맛, 쓴맛, 짠맛을 느끼기에, 충분한 병장의 상징이다. 작대기는 인생에서 느낄 수 있는 온갖 역경을 의미한다. 군인으로 있었던 기간이 그리 길지는 않으나 그 시간에 인생을 맛본 것이다.

　깊은 밤 우뚝 서서 사랑하는 조국을 수호하였으므로 그는 바랄 것이 없을 만큼 만족한다. 그러다 보니 주름이 생겼는데, 주름은 중의성을 갖는다. 막대기 네 개이기도 하고 실제 고생하여 얻은 이마의 주름이기도 하다. 이에 그의 막대기는 그냥 막대기가 아니다. 실제 얼굴에 나타난 주름이자 제복에 만들어진 자랑으로 화자에게는 소중한 보물이다.

자신의 청춘기를 불살라 보낸 것은, 국민의 얼굴에 백만 송이 웃음꽃을 위해서라는 과장법은 그만큼 그의 소중한 시간이 국방이라는 막중한 의무에 지워져 있었으며 이로써 조국은 안위의 행복한 백만 송이처럼 아름답고 환한 웃음꽃을 피웠다고 말하고 있다.

병역의 의무를 진자들이 마지막에 달게 되는 막대기 네 개는 특별한 의미가 있다. 군대에 있으면서 온갖 인간 군상을 만나는데 그것을 단맛, 신맛, 쓴맛, 짠맛이라고 은유한다. 젊은 날의 긴 밤을 군인으로 서서 조국을 지키는 마음이 오롯이 드러나 있다. 그 네 개면 충분하다고 하면서 복합적인 양가감정을 드러낸다.

위대한 인물이나 유명 인물들로 BTS나 바이든, 시진핑 등 주로 정치적 인물이 많다. 간혹 유명 가수나 크레타 툰베리라는 어린 환경운동가도 있다.

그리고 종교적인 일상이나 인물들도 시에 얼굴을 내민다. 카타콤의 모습, 헤이그 특사 등 역사적인 소재도 있어, 시인의 일상과 신변이 모두 시가 되는 셈이다. 여기에 나타난 주된 심상은 예찬 조의 시가 주류를 이룬다.

생텍쥐페리는 사막이 아름답다고 말했다. 사막이 아름다운 것은 그 속에 우물을 감추고 있기 때문이라면서 말이다. 사막은 사막이 가장 소중하게 여기는 것을 어딘가 숨기고 있기에 아름답다고 어린 왕자는 말한다. 마찬가지로 화자도 사막에 매료되어 사막을 사물로 시를 전개하고 있다.

> 반짝반짝 빛나는
> 보석 같은 너의 몸통
>
> 뜨거운 바람결에
> 이리 뒤척
> 저리 뒤척
>
> 뼛가루 하얗게
> 날리고 나면
> 신기루 모래성
>
> 은빛 언덕 위에서
> 내게 내밀하게 전하는 말은
>
> '서둘러 가려 하지 말게
> 한 발 가면 반 발 밀리고
> 급히 가면 넘어지는 길이라네.'
>
> 그 길은
> 구도자求道者의 길이었네.
> ―「사막」

사막은 보석처럼 반짝거리는 거대한 몸통이다. 뜨거운 바람이 불 때마다 이리저리 뒤척거리면서 하얗게 뼛가루를 날린다. 뼛가루는 신기루 모래성이 되어 사람들을 유혹한다. 신기루인 줄도 모르고 사람들은 모래에 빠져 헤어날 줄 모른다.

그러면서 사막은 서둘지 말라고 속삭인다. 급히 가는 것은 넘어지는 길이라는 충고도 아끼지 않는다. 천천히 가야 하는 또 하나의 이유는 그 길이 구도자의 길이기 때문이다. 무엇을 재촉하여 삶을 찾는 것이 아니라 천천히 가면서 깨달아야 하는 삶의 길이자 구도자 즉 깨달음의 길이기 때문이다. 어린 왕자는 중요한 것은 눈에 보이지 않는다는 진리를, 중요한 것은 마음으로 보아야 한다는 것을 가르친다.

꽃씨를 받아서 심었는데 /몇 해가 지나면서
뒷마당이 꽃동산이 되었어요.

나는 /이 꽃을 볼 때마다
애달픈 한 시인을 떠 올립니다.

"너는 왜 떠나지 않았니?
저라도 남아서 집을 /지키려고요."

이별의 안타까움을
그리움으로 승화시킨
시인의 저민 가슴이 되어봅니다.

눈물이 꽃잎 되어
대지 위에 포근히 내려앉습니다.

'슬퍼하지 않으리라.
늘 그대 여기 있음에.'

아침마다 창문을 열면
수줍게 미소 짓는 그대
접시꽃 당신!

그리운 얼굴…./그리운 얼굴….
— 「그리움이 꽃잎 되어」

    시의 맥락으로 살펴보건대 먼저 보낸 누군가를 그리워하는 상태다. 화자의 그리움은 저 하늘에 있고 꽃씨를 받아서 심으니 몇 해가 지나자 뒷마당이 꽃동산이 된다. 이 꽃씨를 준 사람은 다름 아닌 그리운 사람이다. 그 사람은 아직도 뒷마당에 활짝 피어서 집을 지키고 있다. 꽃씨는 의인화되어 그대로 뒷마당에서 집을 지키는 현현이 된다.
    의인화는 일종의 감정이입이다. 꽃에게 감정을 이입하고 꽃씨를 준 사람의 마음을 기억하면서 그리움을 삭인다. 또한 화자는 묻는다. 왜 아직도 떠나지 않았느냐고 말이다. 그러자 그는 자신이 남아서 집을 지키고자 한다고 대답한다. 이 애절한 대답은 그대로 시인의 마음에 들어와 박힌다. 그는 이제 시인이 되어 아직도 꽃으로 살아 있는 그 사람의 애절한 가슴을 노래하고 있다.
    이윽고 꽃잎인지 눈물 잎인지 대지 위에 포근히 내려앉고 시인은 울지 않겠다고 다짐한다. 그대 아름다운 사람이 늘 여기에 있으므로, 아침마다 창문을 열고 그의 미소를 본다. 그리운 얼굴을 본다.

    저의 아내는 참 부지런합니다.

남편이 감탄할 정도로
정리 정돈을 잘합니다.
달인에 가까울 정도지요

늘 고맙고 존경스러운데
가끔 내 마음속에 천사를 가장한
검은 손님이 찾아와 상처를 조금씩
입혀보라고 속삭입니다.

선善의 영역城을
무너뜨리려 부단히도 애를 씁니다.

마음의 경계를 단단히 해도
어느새 내 마음 깊은 곳에
숨어들어와
똬리를 틀고 있습니다.
― 「달콤한 유혹」

  부부가 해로하다 보면 그 사랑이 당연한 것으로 알고 상대를 홀대할 수도 있다. 그것은 자신이 원하던 바가 아니다. 화자는 부지런한 아내, 정리 정돈의 달인인 아내를 두고 감탄사를 연발한다. 또한, 아내가 늘 고맙고 존경스럽다. 그런데도 아내를 괴롭혔던 기억은 화자를 아프게 한다. 즉, 천사를 가장한 검은 손님이 찾아와서 험한 말과 상처를 주었기 때문이다. 이에 후회가 앞선다. 검은 손님 때문에 마음의 경계를 단단히 하여도 어느새 숨어 들어와 있다.
  이는 현대인의 심리와도 일치하는 바가 있다. 잘해주고

있다가도 어느 순간 의도치 않게, 좋지 않은 말을 하는 것이다. 마음속에 검은 손님이 천사를 가장하고 찾아온 것이라고 화자는 말한다. 분명 상대에게 잘해주어야 하고 그럴 의무도 있으며 그런 생각도 갖고 있다. 그런데도 불쑥 천사로 보이는 나쁜 손님이 얼굴을 내밀고 상처를 주는 것이다.

다른 사람이 하는 말 중에 충고를 듣지 말라고 누군가는 말하기도 한다. 그만큼 충고라고 하면서 사실은 악한 말을 할 때가 많기 때문이다. 본인이 원하던 것이 아니다. 어쩌면 인간 본성의 문제인지도 모른다. 그러므로 우리는 항상 자신을 경계하고 단속하며 조심하여야 한다. 자신도 모르게 나쁜 말이 선을 넘어갈 수도 있기 때문이다.

3. 아름다운 일, 그리고 사람

1909년 10월 26일 9시 30분은 특별한 시간이다. 시인은 그 시간을 특별히 독자에게 아주 중요한 시간의 의미로 제시한다. 민족사의 아픔이었던 식민지 시절, 우리는 그 시간을 소중하고 아름답게 기억해야 한다. 나라 잃은 설움이 복받치던 시간에 안중근 의사는 하얼빈역에 도착한다. 그가 제시한 죄목 중 제국주의로 평화를 어지럽힌 죄, 이웃국의 국민을 살상한 죄, 우리의 외교권을 박탈한 죄 등 헤아릴 수 없는 많은 죄를 저지르고도 뻔뻔한 일본에 대한 분노가 하늘에 총성으로 울린다. 세 개의 총알에 의미를 부여하며 화자는 안중근 의사의 의기를 마음에 새긴다.

나는 이토 히로부미를
15개 죄목으로 단죄하노라.

1909년 10월 26일 아침
아홉 시 삼십 분
3발의 총성이
하얼빈 하늘에 울려 퍼졌다.

그중
제국주의로 세계평화를 어지럽힌 죄
이웃국의 국민을 살상한 죄
조선의 외교권을 박탈한 죄

이것이
첫 번째 총알의 의미요
두 번째 총알의 의미요
세 번째 총알의 의미로다.

"나는 조선 독립군 대장으로서
평화를 지키려고
적군을 물리친 것이니
이를 어찌 죄라 하겠는가?"

담대한 말에 놀란 제국주의자들은
단 일주일 만에 젊은 영웅의
발자취를 지워버렸다.

1910년 3월 26일
오전 10시.

아! 아!
뤼순 감옥의 피 맺힌 하늘이여!
— 「9시 30분」

    열다섯 개나 되는 죄목으로 이토 히로부미를 단죄한 안중근 의사의 위대한 아침을 노래한 시. 시인은 이처럼 위인이나 명사를 예찬하는 시를 자주 쓴다. 우리가 본받아야 할 숭고한 정신을 새기기 위해서이다. 그중에 백미는 안중근 의사라 할 것이다. 안중근 의사의 위대성은 그의 정신과 행동에서 나온다. 이토 히로부미를 죽인 후 당당하게 잡혀 감옥으로 갔으며 자신의 목숨을 구걸하지 않고 항소하지 않았다. 이는 어머니 조마리아 여사의 영향도 있다. 어머니는 항소하지 말 것을 요구하였으며, 안중근 의사의 죽음은 개인의 죽음이 아니라 조국을 위한 죽음이며 이로써 독립운동은 조선인 전체의 공분을 짊어지고 있는 것이며, 옳은 일을 하고 받은 형이니 대의에 죽는 것을 두려워하지 말고 불효라 생각지 말라고 당부한다. 심지어 어머니는 수의를 지어 보내며 의롭게 죽을 것을 요구한다.
    이에 안중근도 어머님께 마지막 인사도 올리지 못하나 편하게 간다는 말을 남기며 신앙 안에서 후일 천당에서 기쁘게 만나기를 도모한다.
    어머니나 아들이 모두 대오각성의 길에서 나라를 위한 일에 한 치의 물러섬도 없이 조국을 위해 헌신과 희생을 아끼지 않았던 것이다. 그렇게 안중근 의사는 장렬하게 죽음을 맞는다.

 위 시와는 달리 아래의 시는 선풍기에게 말을 건네며 신통한 바람에 감탄한다. 선풍기는 의인화되어 그의 바람을 보내는데 화자는 하인을 대하듯 바람은 어디서 훔쳐 온 것이냐, 참 그놈, 등 친근한 말을 쏟아놓는다. 일상에서 선풍기를 예찬하면서 신통한 바람에 칭찬을 늘어놓는 것이다.

  참 그놈!
  어디에서 바람 훔쳐 왔나?

  산 위에서 부는 바람?
  바다에서 부는 바람?

  한여름 삼복더위 기습할 때
  무섭게 양쪽 팔 휘저으며
  장비의 기세로 달려가니

  더위란 놈
  삼 십 육계 줄행랑을 쳐 버리네!

  신분 차별 없이
  냉가슴 활짝 열어 주니
  너는 여름날의 일등 공신이로구나!
   ―「선풍기」

 몹시 더운 여름날 선풍기 바람은 장비처럼 엄청난 기세

로 달려드니 더위가 삼십육계로 도망을 간다. 시원한 바람을 보내주는 선풍기에게 일등 공신 표창장까지 하사하는 시인이다. 너무나 더운 나머지 사람들은 선풍기에게 드디어 자신의 냉가슴까지 활짝 열어 제끼고야 만다.

천주교 신자인 시인은 존경하는 성인들이 많다. 그중 김수환 추기경을 가장 존경한다. 김수환 추기경은 생전에 자신을 '바보'라고 일컬으며 바보처럼 이익을 따지지 않고 헌신과 희생으로 인생을 살아간다. 그러기에 그는 거룩한 바보로 불렸다. 사람들은 모두 잘난 척하고 남을 이기려 들며, 자신이 최고인 줄 아는 교만을 부리나 사실은 다 외로운 존재라는 것을 설파하면서 나대기보다 바보처럼 이웃을 사랑하는 삶을 추천한다.

그런 김 추기경을 생각하면 화자는 웃음이 나온다. 그러다가 또 울음이 나온다. 웃음과 울음이 번갈아 나오는 김수환 추기경은 영혼을 풍족하게 하는 신앙, 자신을 불태워야 빛을 낼 수 있는 지극한 사랑, 헌신과 희생이 있어야 빛이 나는 인생, 자기를 완전히 비워야 사랑이 완성되는 삶 등 그의 바보스러운 말은 사람들에게 끊임없이 생각하게 하고 자신의 안위보다 이웃을 위해 바보처럼 살 것을 가르친다.

웃음이 나온다.
울음이 나온다.
바보라서.

당신께서는
어느 길을 걸을까 망설였지요.
세상을 보니
온통 막힌 길뿐이었어요.

그래서 자신을 다독이고
또 다독이며
내 길이 아닌 네 길로 가기로
결심하셨지요.

일그러진 영혼을 깨우시고
아픔을 치유해 주시려고
낮은 길로 내려오셨지요.

영웅이라는 말 대신
바보라는 이름을 더 사랑하셨지요.
하늘에 오르는 그날까지도.
─「김수환 추기경」

  김수환 추기경의 말씀이 가슴에서 살아 움직이는 시인은 그 말씀을 곱씹는다. '내 길'이 아닌 '네 길'을 가던 분, 일그러진 영혼을 깨우고 아픔을 치유하면서 낮은 길로 내려오신 분, 영웅이라는 말 대신에 바보라는 이름을 사랑한 분, 그분의 인생은 아직도 시인에게 지대한 영향을 끼치며 살아 움직이고 있다.

  허허허~
소탈하게 웃는
옆집 아저씨가

되고 싶어요.

시장 한 모퉁이에서
삶의 지친 얘기 들어주는
정겨운 국밥집 주모가
되고 싶어요.

엄동설한嚴冬雪寒
달동네 사람의
작은 이불이
되고 싶어요.

가슴 아파하는
'N포 세대'에게
희망의 등댓불이
되고 싶어요.

만약에
만약에…

내가 그 사람이
된다면요.
　　　　—「되고 싶어요」

　시인이 되고 싶은 것은 소박한 것들이라 하겠다. 그는 커다란 어떤 소망을 바라는 것이 아니다. 시인은 소탈하게 웃는 선한 옆집 아저씨가 되고 싶다. 또한, 시장 모퉁이에서 지친 사람들의 이야기를 들어주는 정겨운 국밥집 주모가 되고 싶다. 그리고 엄동설한에 극한의 추위를 견

더야 하는 달동네 사람의 작은 이불이 되고 싶다. 또, 많은 것을 포기하고 가슴 아파하는 젊은이들에게 희망의 등대가 되고 싶다.

아직도 소박한 꿈 꾸기를 멈추지 않는 시인은 그가 되고 싶은 것들을 통해서 희망을 놓지 않으며 삶을 긍정한다.

이상 시인의 시를 거칠게 섭렵하여 보았다. 그의 시는 일상을 새롭게 보는 것이며 세상을 남들과는 다르게 보는 생활철학이 숨어있다. 그것은 거대하지 않으며 소박하고 그대로 받아들이면서도 비판적 사고를 하고 또한, 긍정을 잃지 않고 있었다. 그리고 애국심의 발로에서 비롯된 위인들의 예찬은 대한민국 국민으로서의 책무를 생각하게 한다. 그러면서도 비판적 자세를 견지하는 일은 자신의 판단 가치를 믿는 행동이며 자신감을 드러낸 것으로 녹록지 않은 세상살이에서 균형을 찾는 것이라 하겠다.